선인들의 지혜를 한눈에 익힌다

천**자문** (千字文)

수능·논술·취업·면접대비

**사자소학**

(四字小學)

김 호 인 엮음
중앙교육출제위원

도서
출판 **윤미디어**
YUN MEDIA PUBLISHING CO.

# 차 례

# 천자문 (千字文)

　우리는 수천년 동안 한자 문화권에서 살아왔기 때문에 우리 말의 70%는 한자어로 되어있다고 해도 지나치지 않은 말일 것이다.

　「천자문」은 한문을 처음 배우는 사람들을 위한 교과서 겸 습자 교본으로 중국 양(梁)나라의 주흥사(周興嗣)가 무제(武帝)의 명에 따라 지은 책이다.

　한국에서 널리 알려진 천자문은 조선시대 명필인 한호의 석봉천자문이다. 중복된 글자가 없으며, 초보자의 한자 학습으로 기본적인 한자를 보아 읽기 좋은 문장으로 만들었다.

　이 책을 학습하면서 한문 실력 향상에 도움이 되길 바란다.

-편 집 부-

# 天地玄黃
## (천지현황)

【풀이】 하늘은 아득히 멀어 그 빛이 검고, 땅은 넓어 그 빛이 누렇다.

| | | |
|---|---|---|
| 天 | 하늘 **천** <br> (大부 1획) | ー ニ チ 天 |
| | 天命 (하늘 천, 목숨 명) 타고난 수명. 하늘의 명령. | |
| 地 | 땅 **지** <br> (土부 3획) | ー 十 土 圵 址 地 |
| | 地域 (땅 지, 지경 역) 땅의 구역. 행정·생활권 등으로 나누어진 구역. | |
| 玄 | 검을 **현** <br> (玄부 0획) | 、 ー 亠 玄 玄 |
| | 玄米 (검을 현, 쌀 미) 겉겨만 벗기고 쓿지 않은 쌀. | |
| 黃 | 누를 **황** <br> (黃부 0획) | 一 十 廿 甘 芇 芇 苦 苗 菁 黃 黃 黃 |
| | 黃昏 (누를 황, 어두울 혼) 해가 지고 어둑어둑할 무렵. | |

# 宇宙洪荒
## (우주홍황)

【풀이】하늘과 땅 사이는 넓고 커서 끝이 없다.

| 宇 | | |
|---|---|---|
| 집　　우 (宀부　3획) | `ヽ ´ 宀 宀 宁 宇` |
| 宇宙 (집 우, 집 주) 온갖 물질이 존재하는 공간. | | |
| 집　　주 (宀부　5획) | `ヽ ´ 宀 宀 宁 宁 宙 宙` |
| 宙表 (집 주, 겉 표) 하늘의 바깥. 천외. | | |
| 넓을　홍 (氵부　6획) | `ヽ ヽ 氵 氵 汁 洪 洪 洪 洪` |
| 洪水 (넓을 홍, 물 수) 큰 물. 장마가 져서 내나 강에 크게 불은 물. | | |
| 거칠　황 (艹부　6획) | `一 ナ ナ 艹 艹 芒 芒 芒 荒 荒` |
| 荒唐 (거칠 황, 당나라 당) 언행이 거칠고 거짓이 많음. | | |

## 日月盈昃
### (일월영측)

【풀이】 해는 서쪽으로 기울고 달도 차면 점차 기울어진다.

| 日 | 날　　　일<br>(日부　0획) | ㅣ ㄇ 円 日 |
|---|---|---|
| | **日記**(날 일, 기록할 기) 날마다 생긴 일이나 느낌 등을 적은 기록. | |
| 月 | 달　　　월<br>(月부　0획) | ノ 刀 月 月 |
| | **滿月**(찰 만, 달 월) 보름달. 가장 완전하게 둥근달. | |
| 盈 | 찰　　　영<br>(皿부　4획) | ノ 乃 及 及 及 盈 盈 盈 盈 |
| | **盈溢**(찰 영, 넘칠 일) 가득 차 넘침. | |
| 昃 | 기울　　측<br>(日부　4획) | ノ ㄇ ㄇ 日 旦 戸 昃 昃 |
| | **昃徑**(기울 측, 지름길 경) 비탈길. | |

辰宿列張
(진숙렬장)

【풀이】 별들이 해와 달과 같이 하늘에 넓게 퍼져 있다.

| 辰 | | |
|---|---|---|

별　　진
(辰부　0획)　　　˗ ﾁ ﾄ ﾄ 토 辰 辰

辰時(별 진, 때 시)　오전 7시에서 9시 사이.

잘　　숙
(宀부　8획)　　˴ ˴ 宀 宀 宀 宿 宿 宿
宿 宿

宿命(잘 숙, 목숨 명) 타고난 운명. 불교에서, 과거의 인연에 의한 운명.

벌릴　　렬
(刂부　4획)　　˗ ﾌ 歹 歹 列 列

列擧(벌릴 렬, 들 거) 여러 가지 예를 듦.

베풀　　장
(弓부　8획)　ˀ ˀ 弓 弔 弨 弨 張 張 張
張 張

張本人(베풀 장, 근본 본, 사람 인) 어떠한 일을 빚어 낸 바로 그사람.

# 寒來暑往
(한래서왕)

【풀이】 추위가 오면 더위가 물러간다. 즉, 사철의 바뀜을 말함.

| 寒 | 찰 **한** (宀부 9획) | ` ` 宀 宀 宀 宀 宀 宋 宋 寒 寒 寒 |
|---|---|---|

**寒波**(찰 한, 물결 파) 한랭전선의 이동으로 기온이 급격히 내려가는 현상.

| 來 | 올 **래** (人부 6획) | ` ` 厂 厂 厂 厂 办 來 來 |
|---|---|---|

**未來**(아닐 미, 올 래) 다가올 앞날.

| 暑 | 더울 **서** (日부 9획) | ` ` 口 日 日 旦 昆 昇 昇 昇 暑 暑 暑 |
|---|---|---|

**避暑**(피할 피, 더울 서) 더위를 피함.

| 往 | 갈 **왕** (彳부 5획) | ` ` ノ 彳 彳 彳 彳 往 往 |
|---|---|---|

**往診**(갈 왕, 볼 진) 의사가 환자 집에 가서 진찰함.

## 秋收冬藏
## (추수동장)

【풀이】 가을에는 곡식을 거두고 겨울이 되면 추수한 곡식을 저장한다.

| | | |
|---|---|---|
| 秋 | 가을 **추**<br>(禾부 4획) |  |
| | 秋夕(가을 추, 저녁 석) 음력 8월 보름. 한가위. | |
| 收 | 거둘 **수**<br>(攵부 2획) | 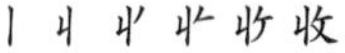 |
| | 收穫(거둘 수, 벼 벨 확) 농작물을 거두어들임. 일을 하고 얻은 성과. | |
| 冬 | 겨울 **동**<br>(冫부 3획) |  |
| | 嚴冬(엄할 엄, 겨울 동) 매우 추운 겨울. | |
| 藏 | 간직할 **장**<br>(艸부 14획) |  |
| | 貯藏(쌓을 저, 간직할 장) 물건을 모아 간직함. | |

# 閏餘成歲
## (윤여성세)

【풀이】일년의 남은 시간을 모아 윤
달을 두어 윤년(閏年)을 정
하였다.

| 閏 | 윤달 **윤**<br>(門부 4획) | ﹀ ﹀ ﹀ ﹀ ﹀ ﹀ ﹀ 門 門 門 門<br>閏 閏 閏 |
| --- | --- | --- |
| | 閏年(윤달 윤, 해 년) 음력에서 윤달이나 윤<br>일이 든 해. | |
| 餘 | 남을 **여**<br>(食부 7획) | ﹀ ﹀ ﹀ ﹀ ﹀ ﹀ 余 余 余<br>飠 飠 飠 飠 飠 飠 餘 |
| | 餘白(남을 여, 흰 백) 글씨를 쓰고 남은 빈<br>자리. 남은 자리. | |
| 成 | 이룰 **성**<br>(戈부 3획) | ﹀ 厂 厂 成 成 成 |
| | 成就(이룰 성, 이룰 취) 일을 완성함. 목적<br>한 바를 이룸. | |
| 歲 | 해 **세**<br>(止부 9획) | ﹀ ﹀ ﹀ 止 广 广 产 产 产<br>产 歲 歲 歲 |
| | 歲月(해 세, 달 월) 흘러가는 시간. | |

# 律呂調陽
## (률려조양)

【풀이】여섯 개의 율(律)과 여(呂)로 천지간의 양기를 고르게 하니, 율은 양이요 여는 음을 나타낸다.

| | | |
|---|---|---|
| **律**<br>법<br>(彳부 6획) | ノ ノ ィ ィ ィ ィ ィ ィ | |
| 規律(법 규, 법 율) 일정한 질서나 차례. | | |
| **呂**<br>음률 려<br>(口부 4획) | 丶 口 口 口 口 吕 呂 | |
| 律呂(법 율, 음률 려) 율의 음과 여의 악률의 의미로 음악을 말함. | | |
| **調**<br>고를 조<br>(言부 8획) | 丶 二 亖 亖 亖 言 言 言 訓<br>訓 訓 調 調 調 調 | |
| 調整(고를 조, 가지런할 정) 정돈하여 바르게 함. | | |
| **陽**<br>볕 양<br>(阜부 9획) | 丶 阝 阝 阝 阝 阝 阝 阼 陽<br>陽 陽 陽 | |
| 陽地(볕 양, 땅 지) 볕이 바로 드는 곳. | | |

左側: 律 呂 調 陽

雲騰致雨
(운등치우)

【풀이】 수증기가 올라가서 구름이
되고 냉기를 만나 비가 된다.
즉, 자연의 기상을 말한다.

| 雲 | 구름  운<br>(雨부 4획) | 一 二 戸 戸 雨 雪 雪 雪 雪<br>雲 雲 雲 |

雲集(구름 운, 모일 집) 사람들이 사방에서
구름같이 많이 모여듦.

| 騰 | 오를  등<br>(馬부 10획) | 丿 几 几 月 月 肝 胖 脖 脖<br>胖 胖 胖 胖 胖 腾 腾 腾 騰 |

急騰(급할 급, 오를 등) 물가나 시세 따위가
갑자기 오름.

| 致 | 이를  치<br>(至부 3획) | 一 ス ス 互 五 至 至 致 致<br>致 |

致賀(이를 치, 하례 하) 경사를 하례함. 또
는 칭찬의 뜻을 표함.

| 雨 | 비  우<br>(雨부 0획) | 一 ー 戸 币 雨 雨 雨 雨 |

雨期(비 우, 기약할 기) 일 년 중 비가 가장
많이 오는 시기.

露結爲霜
(로결위상)

【풀이】이슬이 맺혀 찬 기운에 닿으면 얼어서 서리가 된다.

| 露 | 이슬 로<br>(雨부 13획) | 一 亡 雨 雨 雨 雨 雨 雨 雨<br>雫 雫 雫 雫 霏 霧 霞 露 露 |
|---|---|---|
| | 露店(이슬 노, 가게 점) 길가의 한데에 벌여놓은 가게. | |
| 結 | 맺을 결<br>(糸부 6획) | ' ᠘ ᠘ ᠘ ᠘ 糸 糸 紅 結<br>結 結 結 |
| | 結末(맺을 결, 끝 말) 끝. 끝마무리. | |
| 爲 | 할 위<br>(爪부 8획) | ' ' ' ' ' ' ' ' ' ' 爲 爲<br>爲 爲 爲 |
| | 爲人(할 위, 사람 인) 사람의 됨됨이. | |
| 霜 | 서리 상<br>(雨부 9획) | 一 亡 雨 雨 雨 雨 雨 雨 雨<br>雫 雫 雫 霜 霜 霜 霜 霜 |
| | 霜雪(서리 상, 눈 설) 서리와 눈. | |

金生麗水
(금생려수)

【풀이】 금은 여수에서 난다. 옛날 중국의 형남 지방 여수에서 금이 많이 나와 이런 말이 생겼다.

| 金 | 쇠 **금**<br>(金부 0획) | ノ 𠆢 𠆢 亼 𠂆 牟 余 金 金 |
|---|---|---|
| | 金融(쇠 금, 화할 융) 돈의 융통. 경제에서 자금의 수요 공급의 관계. | |
| 生 | 날 **생**<br>(生부 0획) | ノ ト ヒ 牛 生 |
| | 生命(날 생, 목숨 명) 목숨. | |
| 麗 | 빛날 **려**<br>(鹿부 8획) | ᅳ ᅮ ᅮ ᅮ 丽 丽 丽 丽 麗 麗 麗 麗 麗 |
| | 美麗(아름다울 미, 빛날 려) 아름답고 고움. | |
| 水 | 물 **수**<br>(水부 0획) | 𠃌 丿 水 水 |
| | 水脈(물 수, 맥 맥) 땅 속으로 흐르는 물의 줄기. | |

| 玉出崑岡<br>(옥출곤강) | 【풀이】옥은 곤강에서 난다. 곤강은 중국의 산으로 여기서 옥이 많이 나와 이런 말이 생겼다. |
|---|---|

<table>
<tr><td rowspan="8">玉<br>出<br>崑<br>岡</td><td>구슬　옥<br>(玉부 0획)</td><td>一 = ￦ 王 玉</td></tr>
<tr><td colspan="2">玉璽(구슬 옥, 도장 새) 임금의 도장.</td></tr>
<tr><td>날　출<br>(凵부 3획)</td><td>丨 屮 屮 出 出</td></tr>
<tr><td colspan="2">出品(날 출, 물건 품) 전람회, 전시회 등에 물건을 내어놓음.</td></tr>
<tr><td>메　곤<br>(山부 8획)</td><td>崑 崑</td></tr>
<tr><td colspan="2">崑崙山(메 곤, 산이름 륜, 메 산) 중국 전설에 나오는 산.</td></tr>
<tr><td>메　강<br>(山부 5획)</td><td>丨 冂 冂 冂 冈 冈 岡 岡</td></tr>
<tr><td colspan="2">岡陵(메 강, 큰언덕 릉) 언덕이나 작은 산.</td></tr>
</table>

## 劍號巨闕
### (검호거궐)

【풀이】거궐은 칼 이름으로 구야자가 만든 보검(중국 조나라 국보)이다.

| 劍 | 칼　　　　검<br>(刂부 13획) | ノ 𠆢 𠆢 𠆢 𠆢 僉 僉 僉 僉<br>僉 僉 僉 僉 劍 劍 |
|---|---|---|
| | 劍客(칼 검, 손 객) 검술을 잘하는 사람. | |
| 號 | 이름　　　호<br>(虍부 7획) | ` 丷 口 吕 号 号 號 號 號<br>號 號 號 號 |
| | 號令(이름 호, 명령할 령) 큰 소리로 꾸짖음. 지휘하여 명령함. | |
| 巨 | 클　　　　거<br>(工부 2획) | 一 丆 丆 巨 巨 |
| | 巨匠(클 거, 장인 장) 위대한 예술가나 기술자 또는 학자. | |
| 闕 | 집　　　　궐<br>(門부 10획) | l l l l l l l l l l l l l l l l l l l l<br>門 門 門 門 門 闕 闕 闕 闕 闕 |
| | 大闕(큰 대, 집 궐) 궁궐. | |

珠稱夜光
(주칭야광)

【풀이】구슬의 빛이 낮같음으로 야광이라 일컬었다. 야광도 조나라의 국보이다.

| | | |
|---|---|---|
| 珠 | 구슬 **주**<br>(玉부 6획) | ´ ⌐ ╒ ╒ ⌐ ⌐ ⌐ ⌐ ⌐<br>珠 |
| | 珠算(구슬 주, 셀 산) 주판으로 하는 계산. | |
| 稱 | 일컬을 **칭**<br>(禾부 9획) | ´ ⌐ ╒ ╒ ⌐ ⌐ ⌐ ⌐ ⌐<br>稱 稻 稻 稱 稱 |
| | 稱號(일컬을 칭, 이름 호) 어떠한 뜻으로 일컫는 이름. | |
| 夜 | 밤 **야**<br>(夕부 5획) | ` ⌐ ╒ ╒ ⌐ ⌐ ⌐ 夜 |
| | 夜景(밤 야, 볕 경) 밤 경치. | |
| 光 | 빛 **광**<br>(儿부 4획) | ⌐ ⌐ ⌐ ⌐ ⌐ 光 |
| | 光澤(빛 광, 못 택) 빛의 반사에 의하여 물체 표면이 번쩍이는 현상. | |

果珍李柰
(과진리내)

【풀이】과일중에서 오얏과 벚의 진미가 으뜸이다. 오얏은 자두를 가리키며, 벚은 앵도과의 일종이다.

| 果 | 과실 과<br>(木부 4획) | 丶 冂 冂 日 旦 里 果 果 |
|---|---|---|
| | 果實(과실 과, 열매 실) 나무 열매 | |
| 珍 | 보배 진<br>(玉부 5획) | 一 亠 チ 王 珎 玽 珍 珍 |
| | 珍貴(보배 진, 귀할 귀) 보배롭고 귀중함. | |
| 李 | 오얏 리<br>(木부 3획) | 一 十 才 木 本 李 李 |
| | 李花(오얏 리, 꽃 화) 오얏꽃(자두꽃). | |
| 柰 | 벚 내<br>(木부 5획) | 一 十 才 木 本 柰 李 柰 柰 |
| | 柰桃(벚 내, 복수아나무 도) 산앵도나무의 이칭. | |

# 菜重芥薑
## (채중개강)

【풀이】 나물은 겨자와 생강이 제일 중하다.

| 菜 | 나물 **채** (++부 8획) | `丶 一 十 廾 艹 芍 芍 苹 芯` `苹 苹 菜` |
|---|---|---|
| | 菜食(나물 채, 밥 식) 반찬을 풍성귀로만 먹음. | |
| 重 | 중요할 **중** (里부 2획) | `丿 二 千 壬 盲 盲 重 重 重` |
| | 重大(중요할 중, 큰 대) 매우 중요하고 큼. | |
| 芥 | 겨자 **개** (++부 4획) | `丶 一 十 廾 艹 艿 芥 芥` |
| | 芥子(겨자 개, 아들 자) 겨자. 겨자씨. 극히 작은 것의 비유. | |
| 薑 | 생강 **강** (++부 13획) | `丶 一 十 廾 艹 芒 芒 苗 苗 苗` `苗 薑 薑 薑 薑 薑 薑 薑` |
| | 生薑(날 생, 생강 강) 생강과의 여러해살이풀. | |

海醎河淡
(해함하담)

【풀이】바닷물은 짜고 민물은 담백
하고 맑다.

| | |
|---|---|
| 바다 **해**<br>(氵부 7획) | 丶 丶 氵 氵 汇 汢 海 海 海<br>海 |
| 海域(바다 해, 지경 역) 어떤 범위 안의 바다. | |
| 짤 **함**<br>(酉부 9획) | 一 厂 厂 丙 丙 丙 西 酉 酌<br>酌 酌 酌 酌 醎 醎 醎 |
| 醎泉(짤 함, 샘 천) 소금기가 있는 샘. | |
| 물 **하**<br>(氵부 5획) | 丶 丶 氵 氵 汀 汀 河 河 |
| 山河(메 산, 물 하) 산과 내. 국토. 세상. | |
| 맑을 **담**<br>(氵부 8획) | 丶 丶 氵 氵 氵 汄 汄 汰 汰<br>淡 淡 |
| 淡水(맑을 담, 물 수) 짠맛이 없는 맑은 물. | |

# 鱗潛羽翔
## (린잠우상)

【풀이】 비늘 있는 물고기는 물에 잠기고 날개 있는 새는 하늘을 난다.

| | | |
|---|---|---|
| **鱗** | 비늘 **린**<br>(魚부 12획) | ´ ´ ´ ´ ´ ´ ´ ´ 魚<br>鱼 鱼¹ 鱼² 鱼³ 鲜 鲜 鲜 鱗 鱗 |
| | 鱗甲 (비늘 인, 첫째천간 갑) 비늘과 껍데기. | |
| **潛** | 잠길 **잠**<br>(氵부 12획) | ` ` ⺡ ⺡ ⺡ 泸 泸 浐 浐<br>潜 潜 潜 潜 潜 潜 |
| | 潛伏 (잠길 잠, 엎드릴 복) 드러나지 않게 깊이 숨어 있음. | |
| **羽** | 깃 **우**<br>(羽부 0획) | ] ] ヲ ヲ 羽 羽 |
| | 羽翼 (깃 우, 날개 익) 새의 날개. 도와 받듦. | |
| **翔** | 날개 **상**<br>(羽부 6획) | ` ⺍ ⺌ ⺌ ⺌ 羊 羽 羽 羽<br>翔 翔 翔 |
| | 飛翔 (날 비, 날 상) 공중을 날아다님. | |

# 龍師火帝 (룡사화제)

**【풀이】** 중국 고대의 제왕인 복희씨는 용으로 벼슬을, 신농씨는 불로 벼슬을 기록하였다.

| 한자 | 훈음 | 필순 |
|---|---|---|
| 龍 | 용 **룡** (龍부 0획) | ` ﹁ ﹁ ﹁ ﹖ ﹖ 青 青 青 青 青 青 龍 龍 龍 龍` |
| | 臥龍(엎드릴 와, 용 룡) 누워 있는 용. 때를 만나지 못한 영웅의 비유. | |
| 師 | 스승 **사** (巾부 7획) | `′ ﹇ ﹇ ﹇ ﹇ ﹇ 师 師 師 師` |
| | 出師表(날 출, 스승 사, 겉 표) 출병할 때 그 뜻을 적어 임금에게 올리던 글. | |
| 火 | 불 **화** (火부 0획) | `丶 丷 丷 火 火` |
| | 火災(불 화, 재앙 재) 불로 인한 재앙. | |
| 帝 | 임금 **제** (巾부 6획) | `丶 ﹒ ﹒ ﹒ 产 产 产 帝 帝` |
| | 帝政(임금 제, 정사 정) 제왕의 정치. | |

## 鳥官人皇
### (조관인황)

【풀이】 소호씨는 새로써 벼슬을 기록하였고, 황제는 인황이라 하였다.

| 鳥 | 새 　　조<br>(鳥부 0획) | ´ ´ ´ ´ ´ ´ ´ 鳥 鳥 鳥<br>鳥 鳥 |
|---|---|---|
| | 鳥獸(새 조, 짐승 수) 날짐승과 길짐승의 총칭. | |
| 官 | 벼슬 　　관<br>(宀부 5획) | ` `´ 宀 宀 宁 官 官 官 |
| | 官舍(벼슬 관, 집 사) 관리가 살도록 관청에서 지은 집. | |
| 人 | 사람 　　인<br>(人부 0획) | ノ 人 |
| | 人權(사람 인, 권세 권) 인간으로서 당연히 갖는 기본적 권리. | |
| 皇 | 임금 　　황<br>(白부 4획) | ´ ´ ´ ´ ´ 白 自 自 皇 皇 |
| | 皇帝(임금 황, 임금 제) 천자. 제왕. | |

# 始制文字
## (시제문자)

【풀이】 복희씨 때 창힐은 새의 발자 국을 보고 글자를 처음 만들 었다.

| 始 | 처음　　**시**<br>(女부　5획) | ㄑ ㄅ ㄠ ㄠ 妒 妒 始 始 |
|---|---|---|
|  | 始作(처음 시, 지을 작) 처음으로 함. 쉬었 다가 다시 비롯함. ||
| 制 | 지을　　**제**<br>(刂부　6획) | ㄥ ㄠ ㄠ ㄠ 牛 牛 制 制 |
|  | 制定(지을 제, 정할 정) 제도 문물 등을 정 함. ||
| 文 | 글월　　**문**<br>(文부　0획) | ㄥ ㄓ ㄋ 文 |
|  | 文盲(글월 문, 소경 맹) 글을 볼 줄도 쓸 줄 도 모름. ||
| 字 | 글자　　**자**<br>(子부　3획) | ㄥ ㄥ 宀 宀 宁 字 |
|  | 活字(살 활, 글자 자) 활판 인쇄에 쓰이는 자형(字型). ||

乃服衣裳
(내복의상)

【풀이】 황제가 의관을 지어 등분을 분별하고 위의를 갖추었다.

| 乃 | 이에 **내**<br>(丿부 1획) | 丿 乃 |
|---|---|---|
| | 乃至(이에 내, 이를 지) 얼마에서 얼마까지. 또는 혹은. | |
| 服 | 옷 **복**<br>(月부 4획) | 丿 丿 月 月 月 胛 服 服 |
| | 服飾(옷 복, 꾸밀 식) 복색의 꾸밈. 의복과 장신구. | |
| 衣 | 옷 **의**<br>(衣부 0획) | 丶 一 ナ 方 衣 衣 |
| | 白衣(흰 백, 옷 의) 흰 옷. 벼슬이 없는 선비. | |
| 裳 | 치마 **상**<br>(衣부 8획) | 丶 丶 丷 丷 屵 屵 堂 堂 堂<br>堂 堂 堂 堂 裳 裳 |
| | 羅裳(비단 나, 치마 상) 얇은 비단으로 만든 치마. | |

推位讓國
(추위양국)

【풀이】 벼슬을 미루고 나라를 사양
하여 제요가 제순에게 양위
하였다.

| | |
|---|---|
| 밀　　　추<br>(才부　8획) | 一 十 扌 扌 扩 扩 扩 拃 推<br>推 推 |
| 推測(밀 추, 잴 측) 미루어 헤아림. | |
| 자리　　위<br>(亻부　5획) | ノ 亻 亻 亼 亻 位 位 |
| 地位(땅 지, 자리 위) 개인이 차지하는 사회<br>　　적 위치. | |
| 사양할　양<br>(言부　17획) | 丶 亠 言 言 言 訂 詝 詝 誹<br>誹 誹 誹 譲 譲 譲 譲 譲 讓 |
| 讓渡(사양할 양, 건널 도) 권리, 재산 따위<br>　　를 남에게 넘겨줌. | |
| 나라　　국<br>(口부　8획) | 丨 冂 冂 冃 冃 冃 冃 國 國<br>國 國 |
| 祖國(조상 조, 나라 국) 자기의 조상 적부터<br>　　살던 나라. | |

# 有虞陶唐
## (유우도당)

**【풀이】** 유우는 제순이며 도당은 제요로 중국 고대 제왕들이다.

| | | |
|---|---|---|
| 有 | 있을 **유**<br>(月부 2획) | 一 ナ 才 有 有 有 |
| | 有閑(있을 유, 한가할 한) 시간의 여유가 있어 한가함. | |
| 虞 | 염려할 **우**<br>(虍부 7획) | ⺊ ⺊ ⺊ 广 户 虍 虍 虍 虞 虞 虞 虞 虞 |
| | 虞犯(나라 우, 범할 범) 죄를 범할 우려가 있음. | |
| 陶 | 질그릇 **도**<br>(阝부 8획) | ⻂ ⻂ ⻖ ⻖ ⺘ 阝 阝 阝 阝 陶 陶 陶 |
| | 陶器(질그릇 도, 그릇 기) 질그릇. | |
| 唐 | 당나라 **당**<br>(口부 7획) | ⺀ ⺀ 广 户 庐 庐 庐 唐 唐 唐 |
| | 唐慌(당나라 당, 어리둥절할 황) 놀라서 정신이 어리둥절해짐. | |

弔民伐罪
(조민벌죄)

**【풀이】** 불쌍한 백성을 돕고 죄지은 임금은 벌하였다는 중국 고사에서 비롯된 말이다.

| 弔民伐罪 | 조상할 **조**<br>(弓부 1획) | ⁻ ⁼ ⼸ 弔 |
|---|---|---|
| | 弔意(조상할 조, 뜻 의) 죽은 이를 애도하는 마음. | |
| | 백성 **민**<br>(氏부 1획) | ⁻ ⁻ ⼫ ⼫ 民 |
| | 民族(백성 민, 겨레 족) 언어, 혈통, 역사를 같이 하는 사람의 집단. | |
| | 칠 **벌**<br>(亻부 4획) | ⼃ ⼂ ⼂ 代 伐 伐 |
| | 討伐(칠 토, 칠 벌) 적이나 도둑의 무리를 군사로 쳐 없앰. | |
| | 허물 **죄**<br>(罒부 8획) | ⼀ ⼏ ⼎ 罒 罒 罪 罪 罪 罪<br>罪 罪 罪 罪 |
| | 罪囚(허물 죄, 가둘 수) 옥에 갇힌 죄인. | |

周發殷湯
(주발은탕)

【풀이】 주발은 무왕의 이름이고 은
탕은 탕왕의 칭호이다.

| | | | |
|---|---|---|---|
| 周 | 나라 **주**<br>(口부 5획) | ノ 刀 刀 刀 月 月 周 周 | |

**周易**(나라 주, 바꿀 역) 주대의 역법. 오경
의 하나.

| | | | |
|---|---|---|---|
| 發 | 필 **발**<br>(癶부 7획) | ノ ﾌ ﾌﾞ ﾌﾞ 癶 癶 癶 癶<br>發 發 發 | |

**發達**(필 발, 통달할 달) 성장하여 완전한 형
태에 가까워짐.

| | | | |
|---|---|---|---|
| 殷 | 나라 **은**<br>(殳부 6획) | ′ ｆ ｆ ｆ 戶 身 身 舟 舟<br>殷 | |

**殷鑑**(나라 은, 거울 감) 거울삼아 경계하여
야 함. 전례.

| | | | |
|---|---|---|---|
| 湯 | 끓을 **탕**<br>(氵부 9획) | ′ ′ 氵 氵 氵 沪 沪 沪 湟 湟<br>湨 湯 湯 | |

**湯藥**(끓을 탕, 약 약) 달여 먹는 한약.

坐朝問道
(좌조문도)

【풀이】 좌조는 천하를 통일하여 왕위에 앉았으며, 문도는 나라를 다스리는 법이다.

| 坐 | 앉을 **좌**<br>(土부 4획) | ノ ㇏ ㇒ ㅆ ㅆ 坐 坐 |
|---|---|---|
| | 坐像(앉을 좌, 형상 상) 앉아 있는 형상. | |
| 朝 | 조정 **조**<br>(月부 8획) | 一 十 十 남 市 甫 直 車 軌<br>朝 朝 朝 |
| | 朝廷(조정 조, 조정 정) 나라의 정치를 의론하고 집행하는 곳. | |
| 問 | 물을 **문**<br>(口부 8획) | ﾉ ｱ ｱ ｱ ｱ ｱ 門 門 門 門<br>問 問 |
| | 諮問(물을 자, 물을 문) 일을 바르게 처리하기 위해 전문가에 의견을 물음. | |
| 道 | 길 **도**<br>(辶부 9획) | 丶 丷 䒑 丷 产 芦 芦 首 首<br>首 首 道 道 |
| | 道德(길 도, 덕 덕) 사람이 행해야 할 바른 길. | |

垂拱平章
(수공평장)

【풀이】임금이 바른 정치를 펴서(平章) 나라가 평오해지면 백성은 여유가 생겨 비단옷을 드리우고 팔짱을 끼고 다닌다.

| 垂 | 드리울 **수** (土부 5획) | ノ ニ チ チ 舌 舌 重 垂 |
| | 垂簾(드리울 수, 발 렴) 발을 드리움. | |
| 拱 | 팔짱낄 **공** (扌부 6획) | 一 扌 扌 扌 扌 拱 拱 拱 |
| | 拱手(팔짱낄 공, 손 수) 공경하는 뜻으로 두 손을 마주잡음. | |
| 平 | 고를 **평** (干부 2획) | 一 ァ ㅊ ㅊ 平 |
| | 平面(평평할 평, 낮 면) 평평한 표면. | |
| 章 | 글 **장** (立부 6획) | 丶 ㅗ ㅛ ㅛ ㅛ 立 咅 咅 音 音 童 章 |
| | 文章(글월 문, 글 장) 글월. | |

## 愛育黎首
### (애육려수)

【풀이】임금이 백성을 사랑으로 다스리고 보살핌을 말하는 것이다. 여수는 벼슬이 없어 건(巾)을 쓰지 않은 검은 머리인 일반 백성을 말한다.

| 愛 | 사랑할    애 (心부   9획) | ´ ´ ´ ´ ↗ ↗ ↗ 壼 壼 壼 壼 壼 愛 愛 |
| | 愛國(사랑할 애, 나라 국) 자기 나라를 사랑함. | |
| 育 | 기를    육 (月부   4획) | ` ㅗ ㄊ ㄊ 产 育 育 育 |
| | 訓育(가르칠 훈, 기를 육) 가르치어 기름. | |
| 黎 | 검을    려 (黍부   3획) | ´ ㄷ 千 禾 禾 利 利 利 黎 黎 黎 黎 黎 黎 黎 |
| | 黎明(검을 여, 밝을 명) 밝을 무렵. 새벽. | |
| 首 | 머리    수 (首부   0획) | ` ` ㅗ ㅛ ㅛ 产 产 首 首 首 |
| | 首席(머리 수, 자리 석) 맨 윗자리. | |

## 臣伏戎羌
### (신복융강)

【풀이】 이렇듯 나라를 다스리면 그 덕에 감화되어 융과 강(오랑캐)도 복종한다.

| | | |
|---|---|---|
| 臣 | 신하 **신**<br>(臣부 0획) | ｜ 厂 厂 臣 臣 臣 臣 |
| | 臣下(신하 신, 아래 하) 임금을 섬기어 벼슬 하는 사람. | |
| 伏 | 엎드릴 **복**<br>(亻부 4획) | ノ 亻 亻 仆 伏 伏 |
| | 伏線(엎드릴 복, 줄 선) 뒤에 일어날 일을 미리 암시하는 일. | |
| 戎 | 오랑캐 **융**<br>(戈부 2획) | 一 ナ 于 式 戎 戎 |
| | 戎器(오랑캐 융, 그릇 기) 전쟁에 쓰는 무기. | |
| 羌 | 오랑캐 **강**<br>(羊부 2획) | 丶 丷 丷 芦 芦 羊 美 羌 羌 |
| | 羌笛(오랑캐 강, 피리 적) 호인(胡人)이 부는 피리. | |

遐邇壹體
(하이일체)

【풀이】 멀고 가까운 나라들이 그 덕에 감화되어 귀순케 하여 일체가 된다.

| 遐 | 멀　　　하<br>(辶부　9획) | ' ' 尸 尸 𡰪 𡰪 𡰪 叚 叚<br>叚 叚 遐 遐 |
|---|---|---|
| | 遐遠(멀 하, 멀 원) 아득히 멂. | |
| 邇 | 가까울　이<br>(辶부　14획) | ' ' 爾 爾 爾<br>爾 爾 爾 爾 爾 邇 邇 邇 邇 邇 |
| | 邇來(가까울 이, 올 래) 근래. 요사이. | |
| 壹 | 한　　　일<br>(土부　9획) | 一 十 士 吉 吉 吉 壹 壹 壹<br>壹 壹 壹 |
| | 均壹(고를 균, 한 일) 한결같이 고름. | |
| 體 | 몸　　　체<br>(骨부　13획) | ' 冂 曰 曰 咼 骨 骨 骨<br>骨 骨 骨 體 體 體 體 體 體 體 |
| | 體格(몸 체, 바로잡을 격) 인체의 골격. 글씨의 윤곽과 품격. | |

率賓歸王
(솔빈귀왕)

【풀이】온 나라가 따르고 복종하여
왕에게 돌아오니 덕을 입어
복종함을 말한다.

| 率 | 거느릴 **솔** (玄부 6획) | `` ` ´ ¬ ᄒ ᄒ ᄒ 产 产 ``<br>率 率 |
| | 統率(큰줄기 통, 거느릴 솔) 온통 몰아서 거느림. | |
| 賓 | 손님 **빈** (貝부 7획) | `` ` ´ ᄼ ᄼ ᄼ ᄼ ᄽ ᄽ ``<br>宓 宓 睿 賓 賓 |
| | 國賓(나라 국, 손님 빈) 나라의 손님으로 우대받는 외국인. | |
| 歸 | 돌아갈 **귀** (止부 14획) | `` ´ ſ ſ ſ ᄇ ᄇ ᄇ 臼 ``<br>皀 皀 皀 歸 歸 歸 歸 歸 歸 |
| | 歸化(돌아갈 귀, 될 화) 다른 나라의 국적을 얻어 그 국민이 되는 일. | |
| 王 | 임금 **왕** (王부 0획) | `` ¯ ᄀ 干 王 `` |
| | 王都(임금 왕, 도읍 도) 왕궁이 있는 도시. | |

## 鳴鳳在樹
### (명봉재수)

【풀이】명군성현이 나타나면 그 덕망이 미치는 곳마다 나무 위에서 봉이 운다.

| | |
|---|---|
| 울 **명**<br>(鳥부 3획) | ＇ 口 口 叮 叮 叨 咈 咈 鳴<br>鳴 鳴 鳴 鳴 鳴 |
| 耳鳴(귀 이, 울 명) 귀에서 소리가 남. | |
| 봉황 **봉**<br>(鳥부 3획) | ） 几 凡 凡 凡 鳯 鳯 鳯 鳯<br>鳳 鳳 鳳 鳳 鳳 |
| 鳳枕(봉황 봉, 베개 침) 봉황의 형상을 수놓은 베게. | |
| 있을 **재**<br>(土부 3획) | 一 ナ 才 才 存 在 |
| 在中(있을 재, 가운데 중) 속에 들어 있다는 뜻으로 봉함한 봉투 겉에 쓰는 말. | |
| 나무 **수**<br>(木부 12획) | 一 十 十 木 木 杧 杧 栉 栉<br>桔 桔 桔 棱 樹 樹 樹 |
| 樹液(나무 수, 진 액) 나무 조직 속에 있는 액체. | |

# 白駒食場
## (백구식장)

**【풀이】** 흰 망아지도 덕에 감화되어 사람을 따르며 마당의 풀을 뜯어 먹는다. 즉 평화스러운 정경을 나타낸다.

| 흰 **백** (白부 0획) | ´ ´ ´ 白 白 白 |
|---|---|

白衣(흰 백, 옷 의) 흰 옷. 일반 평민.

| 망아지 **구** (馬부 5획) | 丨 ⌐ ⌐ ⌐ ⌐ 馬 馬 馬 馬 馬 馬 馬 駒 駒 駒 駒 |
|---|---|

駒馬(망아지 구, 말 마) 망아지와 말.

| 먹을 **식** (食부 0획) | ノ 𠆢 人 今 今 今 食 食 食 |
|---|---|

食慾(먹을 식, 욕심 욕) 먹고 싶어하는 욕망.

| 마당 **장** (土부 9획) | 一 十 土 圵 圹 坍 坍 坍 埸 埸 場 場 場 |
|---|---|

場面(마당 장, 낯 면) 광경. 연극·영화의 한 정경.

化被草木
(화피초목)

【풀이】덕화가 사람이나 짐승에게만
미칠뿐 아니라 초목에까지도
미친다.

| 化 | 될 화<br>(匕부 2획) | ノ イ 亻 化 |
|---|---|---|
| | 化石(될 화, 돌 석) 지층에 묻혀 돌이 된 동식물의 유체. | |
| 被 | 입을 피<br>(衤부 5획) | ` ン ネ ネ ネ 衤 衬 衬 袖 被 被 |
| | 被告(입을 피, 알릴 고) 소송 사건에서 소송을 당한 사람. | |
| 草 | 풀 초<br>(艹부 6획) | 一 艹 艹 芏 芀 芎 苩 苩 草 草 |
| | 草家(풀 초, 집 가) 초가집. | |
| 木 | 나무 목<br>(木부 0획) | 一 十 才 木 |
| | 木工(나무 목, 장인 공) 나무로 물건을 만드는 일. 또, 그 사람. | |

# 賴及萬方
## (뢰급만방)

【풀이】 만방에 어진 덕이 고루 미치게 된다.

| 賴 | 힘입을 **뢰**<br>(貝부 9획) | ´ ㄱ ㄱ ㅁ 束 束 束 軔 軔<br>軔 軔 軔 軔 軔 賴 賴 賴 |
|---|---|---|
| | 信賴(믿을 신, 힘입을 뢰) 믿고 의지함. | |
| 及 | 미칠 **급**<br>(又부 2획) | ノ ㄱ 乃 及 |
| | 及其也(미칠 급, 그 기, 어조사 야) 마침내<br>는. | |
| 萬 | 일만 **만**<br>(艹부 9획) | ` ´ ㅛ 苎 苎 苎 芦 苗 萬<br>萬 萬 萬 萬 | 
| | 萬世(일만 만, 대 세) 영원한 세대. 아주 오<br>랜 세대. | |
| 方 | 모 **방**<br>(方부 0획) | ` ㅗ ㅎ 方 |
| | 方法(모 방, 법 법) 일의 방식 또는 달성 수<br>단. | |

盖此身髮
(개차신발)

**【풀이】** 사람이 몸에 난 털 하나라도 부모에게서 받지 않은 것이 없으니 항상 귀하게 해야 한다.

| 덮을　개 (皿부　6획) | 丶丷亠亠芏芊芙芙盖 盖 |
|---|---|
| 盖然性(덮을 개, 그러할 연, 성품 성) 그러하리라고 생각되는 성질. ||

| 이　　차 (止부　2획) | 丨 ㅏ 止 止 此 此 |
|---|---|
| 此後(이 차, 뒤 후) 이 다음. 이후. ||

| 몸　　신 (身부　0획) | 丿 亻 冇 冇 身 身 身 |
|---|---|
| 身邊(몸 신, 가 변) 몸과 몸의 주위. ||

| 터럭　발 (髟부　5획) | 丨 亻 斤 斤 丐 髟 髟 髟 髟 髟 髟 髮 髮 |
|---|---|
| 髮膚(터럭 발, 살갗 부) 머리털과 피부. ||

四大五常
(사대오상)

【풀이】 네가지 큰 것(천지군부)과 다섯가지 떳떳함(인의예지신)이 있다.

| 넉　　　사<br>(口부　2획) | ㅣ 冂 冂 四 四 |
|---|---|
| 四季(넉 사, 끝 계) 춘, 하, 추, 동 | |
| 큰　　　대<br>(大부　0획) | 一 ナ 大 |
| 大家(큰 대, 집 가) 대대로 번창한 집안. 큰 집. | |
| 다섯　　오<br>(二부　2획) | 一 丁 五 五 |
| 五感(다섯 오, 느낄 감) 시각, 청각, 후각, 미각, 촉각을 일컬음. | |
| 떳떳할　상<br>(巾부　8획) | 丶 丷 业 严 严 严 严 肖 肖<br>常 常 |
| 常綠(떳떳할 상, 초록빛 록) 나뭇잎이 늘 푸름. | |

恭惟鞠養
(공유국양)

【풀이】 이 몸을 낳아 길러 주신 부모의 은혜를 언제나 공손한 마음으로 감사하게 생각해야 한다.

| 恭 | 공손할 공 (心부 6획) | 一 十 廾 廾 共 共 芣 恭 恭 恭 |
| --- | --- | --- |

恭待(공손할 공, 기다릴 대) 공손히 대접함.

| 惟 | 오직 유 (忄부 8획) | 丨 丨 忄 忄 忄 忙 忙 忙 惟 惟 惟 |
| --- | --- | --- |

惟一(오직 유, 한 일) 단지 하나. 오직 하나.

| 鞠 | 기를 국 (革부 8획) | 一 十 廾 廿 廿 芦 苩 苩 堇 革 靪 靪 靪 鞠 鞠 鞠 鞠 |
| --- | --- | --- |

鞠育(기를 국, 기를 육) 어린 사람을 사랑하여 기름.

| 養 | 기를 양 (食부 6획) | ` ` ` ` ` ` 丷 쓰 쓰 羊 美 美 養 養 養 養 養 養 |
| --- | --- | --- |

養老(기를 양, 늙은이 로) 노인을 돌보아 편안히 지내게 함.

## 豈敢毀傷
### (기감훼상)

【풀이】 부모께서 낳아 길러 주신 이 몸을 감히 상하고 훼손할 수 있으리오.

| | | |
|---|---|---|
| 豈 | 어찌 **기**<br>(豆부 3획) | ` ' ⼍ ⼬ ⼭ ⼮ 岂 岂 岂 岂`<br>豈 |
| | 豈敢(어찌 기, 감히 감) 어찌 감히. | |
| 敢 | 감히 **감**<br>(攵부 8획) | `⼀ ⼁ ⼅ ⼅ ⼅ ⼅ godt 武 武`<br>敢 敢 敢 |
| | 果敢(실과 과, 감히 감) 결단성이 있고 용감함. | |
| 毀 | 헐 **훼**<br>(殳부 9획) | `' ⼂ ⼃ ⼍ ⼎ 臼 臼 臼 皀`<br>皀 皀 毀 毀 |
| | 毀傷(헐 훼, 상할 상) 몸에 상처를 냄. | |
| 傷 | 상할 **상**<br>(亻부 11획) | `⼃ ⼇ ⼈ ⼈ ⼈ 佈 佈 佈 佰`<br>佰 傷 傷 傷 |
| | 傷害(상할 상, 해칠 해) 남의 몸에 상처를 입혀 해함. | |

## 女慕貞烈
### (녀모정렬)

【풀이】 여자는 정조를 굳게 지키고 행실을 단정히 할 것을 생각해야 한다.

| 女 | 계집 녀 (女부 0획) | ㄑㄑ女 |
|---|---|---|
| | **女傑**(계집 여, 뛰어날 걸) 남자같이 굳세고 호걸다운 여자. | |
| 慕 | 사모할 모 (心부 11획) | ˋㄧㄐㄐㄐㄐㄐㄐㄐㄐ 莫莫莫莫慕慕 |
| | **欽慕**(공경할 흠, 사모할 모) 기쁜 마음으로 사모함. | |
| 貞 | 곧을 정 (貝부 2획) | ㄧㄧㄕㄗㄗㄕ貞貞貞 |
| | **貞潔**(곧을 정, 깨끗할 결) 정조가 곧고 결백함. | |
| 烈 | 매울 렬 (灬부 6획) | ㄧㄱㄓ歹歹列列列烈 烈 |
| | **熱烈**(더울 열, 매울 렬) 주의·주장·애정·실행 따위가 매우 맹렬함. | |

# 男效才良
## (남효재량)

【풀이】 남자는 재능을 닦고 어진것을 본받아야 한다.

| 男 | 사내 **남**<br>(田부 2획) | ノ 口 曰 田 田 罗 男 |
|---|---|---|
| | **男裝**(사내 남, 꾸밀 장) 여자가 남자처럼 차림. | |
| 效 | 본받을 **효**<br>(攵부 6획) | ` ニ ナ ナ ナ ゙ナ ゙ナ ゙ナ 效<br>效 |
| | **效力**(본받을 효, 힘 력) 힘을 다함. 애씀. | |
| 才 | 재주 **재**<br>(才부 0획) | 一 十 才 |
| | **才致**(재주 재, 이를 치) 눈치 빠른 재주. 또한 능란한 솜씨. | |
| 良 | 어질 **량**<br>(艮부 1획) | ` ⁊ ㇋ ㇋ 㡰 皀 良 良 |
| | **良心**(어질 양, 마음 심) 도덕적인 가치를 바르게 행하려는 의식. | |

## 知過必改
### (지과필개)

【풀이】 사람은 누구나 허물이 있는
것이니 잘못을 알면 반드시
고쳐야 한다.

| 知 | 알     지 (矢부   3획) | ' ' ' ' ' ' 矢 矢 知 知 知 |
|---|---|---|
| | 知能(알 지, 능할 능) 두뇌의 작용. 슬기와 능력. | |
| 過 | 허물     과 (辶부   9획) | ' ' ' ' ' ' ' ' ' 咼 咼 '咼 咼 渦 過 過 |
| | 過失(허물 과, 읽을 실) 잘못. 그릇된 것. | |
| 必 | 반드시     필 (心부   1획) | ' ' ' 必 必 必 |
| | 必要(반드시 필, 구할 요) 꼭 소용이 됨. 없어서는 안 됨. | |
| 改 | 고칠     개 (攵부   3획) | ' ' ' ' ' ' ' ' ' 改 |
| | 改革(고칠 개, 가죽 혁) 새롭게 뜯어고침. 새 체제로 바꿈. | |

# 得能莫忘 (득능막망)

【풀이】 사람이 알아야 할 것을 배우면 결코 잊지 않도록 노력하여야 한다.

| | | |
|---|---|---|
| 得 | 얻을 득<br>(彳부 8획) | 丿 彳 彳 彳 㣄 㣄 㣄 㝵 㝵 得 得 |
| | 得勢(얻을 득, 기세 세) 세력을 얻음. 시세가 좋게 됨. | |
| 能 | 능할 능<br>(月부 6획) | 𠃋 厶 𠫓 育 育 育 能 能 能 能 |
| | 能手(능할 능, 손 수) 일에 능란한 솜씨. 또, 그 사람. | |
| 莫 | 말 막<br>(艹부 7획) | 丶 十 艹 艹 艹 苩 苩 苩 莫 莫 莫 |
| | 莫論(말 막, 말할 론) 의논할 것이 없음. | |
| 忘 | 잊을 망<br>(心부 3획) | 丶 亠 亡 亡 忘 忘 忘 |
| | 忘恩(잊을 망, 은혜 은) 은혜를 잊음. 은혜를 모름. | |

| 罔談彼短<br>(망담피단) | 【풀이】 자기의 단점을 말 안하는 동시에 남의 단점을 욕하지 말라. |
| --- | --- |

| 罔 | 없을 **망**<br>(网부 3획) | ㅣ 冂 冂 冈 冈 罔 罔 罔 |
| --- | --- | --- |
| | 罔測(없을 망, 잴 측) 이치에 맞지 않아 뭐라고 헤아릴 수 없음. | |
| 談 | 말씀 **담**<br>(言부 8획) | ` 二 亖 言 言 言 談 談 談 談 談 談 |
| | 面談(낯 면, 말씀 담) 서로 만나 이야기함. | |
| 彼 | 저 **피**<br>(彳부 5획) | ′ ′ 彳 彳 彳 彷 彼 彼 彼 |
| | 彼我(저 피, 나 아) 그와 나. 남과 나. 저편과 이편. | |
| 短 | 나쁠 **단**<br>(矢부 7획) | ′ ′ 上 午 矢 矢 知 知 短 短 短 短 |
| | 短縮(나쁠 단, 오그라들 축) 짧게 줄임. 짧게 줄어짐. | |

# 靡恃己長
## (미시기장)

【풀이】 자신의 특기를 자랑 말라 그럼으로써 더욱 발전한다.

| 아닐 **미**<br>(非부 11획) | `丶 亠 广 广 庐 庐 庐 庐` <br> `庳 庳 庳 庳 庳 靡 靡 靡 靡` |
|---|---|
| 風靡(바람 풍, 아닐 미) 어떤 사조(思潮)나 사회적 현상 등이 널리 사회를 휩쓺. | |
| 믿을 **시**<br>(忄부 6획) | `丶 丶 忄 忄 忭 忭 恃 恃` |
| 恃賴(믿을 시, 힘입을 뢰) 믿고 의지함. 의지로 삼음. | |
| 몸소 **기**<br>(己부 0획) | `フ コ 己` |
| 己物(몸소 기, 만물 물) 자기의 물건. | |
| 길 **장**<br>(長부 0획) | `丨 丨 厂 厅 F 토 톤 톤 長` |
| 長篇(길 장, 책 편) 긴 시문. 긴 소설. | |

信使可覆
(신사가복)

【풀이】 믿음은 움직일 수 없는 진리이고 또한 남과의 약속은 필히 지켜야 한다.

| | | |
|---|---|---|
| 信 | 믿을　　신<br>(亻부　7획) | ノ イ イ イ゙ 仁 信 信 信 信 |
| | 信徒(믿을 신, 무리 도) 종교를 믿는 사람들의 무리. | |
| 使 | 하여금　　사<br>(亻부　6획) | ノ イ イ イ゙ 信 信 使 使 |
| | 使命(하여금 사, 목숨 명) 당연히 해야 함. 주어진 임무. | |
| 可 | 옳을　　가<br>(口부　2획) | 一 一 戸 戸 可 |
| | 不可(아닐 불, 옳을 가) 옳지 않음. 해서는 안됨. | |
| 覆 | 덮을　　복<br>(襾부　12획) | 一 一 亘 丙 面 面 覀 覆 覆<br>覆 覆 覆 覆 覆 覆 覆 覆 覆 |
| | 覆審(덮을 복, 살필 심) 다시 심사함. 반복하여 자세히 살핌. | |

# 器欲難量
## (기욕난량)

【풀이】 사람의 도량(度量)은 깊고 깊어서 헤아리기가 어렵다.

| 器 | 그릇 **기** (口부 13획) | ` ` ` ` ` ` ` ` ` ` ` ` ` `哭 哭 哭 哭 器 器 |
| | 器物(그릇 기, 만물 물) 그릇, 세간 따위의 물건. | |
| 欲 | 하고자할 **욕** (欠부 7획) | ` ` ` ` ` ` ` ` 欲 欲 |
| | 欲求(하고자할 욕, 구할 구) 바라고 구함. 하고자 함. | |
| 難 | 어려울 **난** (隹부 11획) | 一 十 廿 廿 苩 苩 莫 莫 莫 難 難 |
| | 苦難(쓸 고, 어려울 난) 괴로움과 어려움. | |
| 量 | 헤아릴 **량** (里부 5획) | ` 口 曰 旦 昌 昌 量 量 量 |
| | 雅量(우아할 아, 헤아릴 량) 깊고 너그러운 마음씨 | |

# 墨悲絲染
(묵비사염)

【풀이】 흰 실에 검은 물이 들면 다시 희게 할 수 없음을 슬퍼한다.

| 墨 | 먹 **묵** (土부 12획) | ヽ ᅳ ㅁ ㅁ ㅁ 甲 里 黒 黑 黑 黑 墨 墨 墨 |
|---|---|---|
| | 水墨(물 수, 먹 묵) 물과 먹. 묵화를 칠 때 쓰는 묽은 먹물. | |
| 悲 | 슬플 **비** (心부 8획) | ノ ナ ヺ ヺ 非 非 非 非 非 悲 悲 悲 |
| | 悲哀(슬플 비, 슬플 애) 슬픔. 슬퍼함. | |
| 絲 | 실 **사** (糸부 6획) | ′ ㄴ ㅅ 幺 幺 糸 糸 糸 絲 絲 絲 絲 |
| | 絲管(실 사, 피리 관) 줄로 소리를 내는 악기와 불어서 소리를 내는 악기. | |
| 染 | 물들일 **염** (木부 5획) | ヽ ′ ⅈ 氵 氿 氿 汍 染 染 染 |
| | 汚染(더러울 오, 물들일 염) 더럽게 물듦. | |

詩讚羔羊
(시찬고양)

【풀이】 시경 고양편에 주나라 문왕의 덕을 입어 남국 대부가 정직하게 됨을 칭찬하였다.

| 詩 | 글　　　시<br>(言部　6획) | `丶 亠 二 亖 言 言 言 訪 訪 詩 詩 詩` |
|---|---|---|
| | 詩畵(글 시, 그림 화) 시와 그림. 시를 곁들인 그림. | |
| 讚 | 칭찬할　찬<br>(言部　19획) | `言 言 言 言 訔 訔 訔 訔 讚 讚 讚 讚 讚 讚 讚 讚 讚 讚 讚 讚` |
| | 讚辭(칭찬할 찬, 말 사) 칭찬하는 말이나 글. | |
|  | 염소　　고<br>(羊部　4획) | `丶 丷 亠 亖 芏 羊 芏 羔 羔 羔` |
| | 羔羊(염소 고, 양 양) 새끼 양과 큰 양. 청렴결백한 군자의 비유. | |
|  | 양　　　양<br>(羊部　0획) | `丶 丷 亠 亖 兰 羊` |
| | 羊毛(양 양, 털 모) 면양·산양 등의 털. | |

景行維賢
(경행유현)

【풀이】언제나 행실을 밝고 당당하게 행하면 어진 사람이 된다. 경(景)은 크고 밝다는 뜻이다.

| 景 | 클       경<br>(日부 8획) | 丶 冂 冂 日 月 旦 异 昗 昗 景 景 景 |
|---|---|---|
| | **景觀**(클 경, 볼 관) 경치. 특색이 있는 풍경을 가진 일정한 지역. | |
| 行 | 행할       행<br>(行부 0획) | 丿 彳 彳 彳 行 行 |
| | **行進**(행할 행, 나아갈 진) 앞으로 걸어 나아감. | |
| 維 | 벼리       유<br>(糸부 8획) | 幺 幺 幺 乡 乡 糸 糸 糸 紵<br>紵 絆 絆 維 維 |
| | **纖維**(가늘 섬, 벼리 유) 생물체의 몸을 이루는 가늘고 긴 실 같은 물질. | |
| 賢 | 어질       현<br>(貝부 8획) | 丨 丨 丨 臣 臣 臣 臤 臤<br>臤 腎 腎 賢 賢 賢 賢 |
| | **賢明**(어질 현, 밝을 명) 어질고 사리에 밝음. | |

| 尅念作聖<br>(극념작성) | 【풀이】성인의 언행을 본받아 수양을 쌓으면 성인이 될 수 있다. |
|---|---|

| 이길　**극**<br>(刂부　7획) | 一 十 忄 古 古 肀 克 克 尅 |
|---|---|

下尅上(아래 하, 이길 극, 위 상) 계급이나 신분이 낮은 사람이 윗사람을 꺾고 오르는 것.

| 생각　**념**<br>(心부　4획) | ノ 人 人 今 今 念 念 念 |
|---|---|

通念(통할 통, 생각 념) 일반 사회에 널리 통하는 개념.

| 이룰　**작**<br>(亻부　5획) | ノ 亻 亻 忭 忭 作 作 |
|---|---|

作業(지을 작, 업 업) 일정한 계획과 목표로 일을 함.

| 성인　**성**<br>(耳부　7획) | 一 r r r 耳 耳 耶 耶 耶<br>耵 聖 聖 聖 |
|---|---|

聖賢(성인 성, 어질 현) 성인과 현인.

德建名立
(덕건명립)

【풀이】덕으로서 세상의 모든 일을 행하면 자연 이름도 서게 된다.

德
덕　　덕
(彳부 12획)
功德(공 공, 덕 덕) 여러 사람을 위하여 착한 일을 많이 쌓은 일.

建
세울　건
(廴부 6획)
建設(세울 건, 베풀 설) 새로 만들어 세움.

名
이름　명
(口부 3획)
名聲(이름 명, 소리 성) 세상에 널리 떨친 이름.

立
세울　립
(立부 0획)
立證(세울 입, 증거 증) 증거를 내세워 증명함.

| 形端表正<br>(형단표정) | 【풀이】몸 형상이 단정하고 깨끗하면 마음도 바르며 또 표면에 나타난다. |
|---|---|

| | 모양　형<br>(彡부　4획) | ーニ干 开 形 形 形 |
|---|---|---|
| 形 | 形式(모양 형, 법 식) 겉모습. 외형이나 격식. | |
| 端 | 바를　단<br>(立부　9획) | ヽ ヽ ヽ ヽ ヽ ヽ 並 並 並<br>並 並 端 端 端 |
| | 端正(바를 단, 바를 정) 얌전하고 바름. | |
| 表 | 겉　　표<br>(衣부　3획) | 一 ニ ＋ 主 表 表 表 表 |
| | 表面(겉 표, 낯 면) 겉으로 드러난 쪽. | |
| 正 | 바를　정<br>(止부　1획) | 一 丁 下 正 正 |
| | 正確(바를 정, 굳을 확) 바르고 확실함. | |

# 空谷傳聲
(공곡전성)

【풀이】빈 골짜기에서 소리를 치면 그대로 전해진다.

| 空 | 빌　　　공 (穴부　3획) | ` ` ﹁ ﹁ ﹁ ﹁ 空 空 |
|---|---|---|
| | 空想(빌 공, 생각할 상) 헛된 상상. 객관적 사실이 없는 생각. | |
| 谷 | 골짜기　곡 (谷부　0획) | ﹀ ﹀ ﹀ ﹀ ﹀ 谷 谷 |
| | 深谷(깊을 심, 골짜기 곡) 깊은 산골짜기. | |
| 傳 | 전할　　전 (亻부　11획) | ﹀ ﹀ ﹀ ﹀ ﹀ ﹀ ﹀ 傳 傳 傳 傳 傳 傳 |
| | 傳達(전할 전, 통달할 달) 전하여 이르게 함. | |
| 聲 | 소리　　성 (耳부　11획) | ﹀ ﹀ ﹀ ﹀ ﹀ ﹀ 声 声 尌 殸 殸 殸 殸 殸 聲 聲 聲 聲 聲 聲 聲 |
| | 聲量(소리 성, 헤아릴 량) 목소리의 크기나 지속성 따위의 총합. | |

# 虛堂習聽
## (허당습청)

【풀이】빈 집에서 소리를 내면 울리어 다 들린다.

| 虛 | 빌 **허** (虍부 6획) | `丿 卜 누 广 广 卢 虍 虍 虗 虚 虚` |
|---|---|---|

虛無(빌 허, 없을 무) 아무것도 없고 텅 빔. 덧없음.

| 堂 | 집 **당** (土부 8획) | `丨 丨 丬 丬 严 严 尚 尚 堂 堂 堂` |
|---|---|---|

講堂(익힐 강, 집 당) 강의나 의식을 행하는 건물 또는 방.

| 習 | 익힐 **습** (羽부 5획) | `フ ヲ 키 키 키 키 키 키 키 習 習` |
|---|---|---|

習慣(익힐 습, 버릇 관) 버릇. 익혀 온 행습.

| 聽 | 들을 **청** (耳부 16획) | `一 г г г 耳 耳 耵 耵 耵 耵 聍 聍 聽 聽 聽 聽` |
|---|---|---|

聽取(들을 청, 취할 취) 말·음악·라디오 등을 자세히 들음.

禍因惡積
(화인악적)

【풀이】 재앙을 받는 것은 평소에 악을 쌓았기 때문이다.

| 禍 | 재앙 **화** (示부 9획) | 一 亻 亍 亓 禾 利 利 利 禍 禍 禍 禍 禍 禍 |
|---|---|---|
| | 禍根(재앙 화, 뿌리 근) 화가 되는 근본, 또는 원인. | |
| 因 | 인할 **인** (囗부 3획) | 丨 冂 冂 冈 因 因 |
| | 原因(근원 원, 인할 인) 어떤 일의 근본이 되는 까닭. | |
| 惡 | 악할 **악** (心부 8획) | 一 一 亍 亐 亞 亞 亞 亞 惡 惡 惡 |
| | 惡談(악할 악, 말씀 담) 남의 일을 나쁘게 말하는 일. | |
| 積 | 쌓을 **적** (禾부 11획) | 一 二 千 才 禾 禾 禾 秄 秄 秖 積 積 積 積 積 積 積 |
| | 積財(쌓을 적, 재물 재) 물건을 배·수레 등에 쌓아서 실음. | |

**福緣善慶**
(복연선경)

【풀이】복은 착한 일을 많이 행하는 데서 오는 것이니 착한 일을 행하는 집에는 경사가 뒤따른다.

| 복　　　복 | 一 二 亍 亓 示 禾 禾 衤 福 |
| (示부 9획) | 衤 禑 禑 福 福 福 |

幸福(다행 행, 복 복) 생활에서 충분한 만족을 느끼어 흐뭇이 즐거운 상태.

| 인연할　연 | 乙 幺 幺 纟 纟 纟 糹 糸 絲 綠 |
| (糸부 9획) | 紗 絆 絡 緣 緣 緣 |

緣分(인연할 연, 나눌 분) 인간 관계에서의 필연적인 인연.

| 착할　　선 | 丶 丷 丷 亠 亡 羊 羊 羊 盖 |
| (口부 9획) | 善 善 善 |

善意(착할 선, 뜻 의) 착한 마음. 남을 위하는 마음.

| 경사　　경 | 丶 一 广 户 庐 庐 庐 庐 庐 |
| (心부 11획) | 庸 庸 廌 廖 廖 慶 |

慶筵(경사 경, 대자리 연) 경사스러운 잔치를 벌인 자리.

尺璧非寶
(척벽비보)

【풀이】한 자나 되는 구슬이라고 해서 결코 보배라고는 할 수 없다.

| 尺 | 자 **척**<br>(尸부 1획) | ㄱ ㄱ �尸 尺 |
|---|---|---|
| | 尺度(자 척, 법도 도) 물건을 재는 자. 계량의 표준. | |
| 璧 | 구슬 **벽**<br>(玉부 13획) | ˊ ˉ ㅍ ㅍ ㅍ ㅍ ㅍ ㅍ ㅍ<br>㿼 㿼 㿼 璧 璧 璧 璧 璧 璧 |
| | 雙璧(쌍 쌍, 구슬 벽) 두 개의 구슬. 여럿 가운데 우열이 없이 특히 뛰어난 둘. | |
| 非 | 아닐 **비**<br>(非부 0획) | ノ ナ ヺ ヺ ヺ 非 非 非 |
| | 非理(아닐 비, 다스릴 리) 도리가 아님. | |
| 寶 | 보배 **보**<br>(宀부 17획) | ˋ ˊ ㄇ ㄇ ㄇ ㄇ ㄇ ㄇ<br>㝩 寶 寶 寶 寶 寶 寶 寶 寶 |
| | 國寶(나라 국, 보배 보) 국가의 보배로 지정한 물건. | |

# 寸陰是競
## (촌음시경)

【풀이】 보배로운 구슬보다 잠깐의 시간이 더 귀중하다. 촌음은 아주 짧은 시간을 말한다.

| 마디　촌<br>(寸부 0획) | 一 十 寸 |
|---|---|
| 寸步(마디 촌, 걸음 보) 몇 걸음 안 되는 걸음. 조금 걷는 걸음. | |
| 그늘　음<br>(阝부 8획) | ' ｱ ｦ ｧ ｨ 阶 阶 阶 陰 陰 陰 |
| 陰散(그늘 음, 흩을 산) 날씨가 흐리고 으스스함. | |
| 이　시<br>(日부 5획) | 丨 冂 冂 日 旦 早 早 是 是 |
| 是正(이 시, 바를 정) 그릇된 것을 바로잡음. | |
| 다툴　경<br>(立부 15획) | ` ｰ ｰ ｰ ｰ ｰ ｰ ｰ ｰ ｰ ｰ<br>竞 竞 竞 竞 竞 竞 竞 競 競 | 
| 競走(다툴 경, 달릴 주) 빨리 달리기를 겨루는 육상 경기. 다투어 달림. | |

## 資父事君
### (자부사군)

【풀이】 부모를 섬기는 마음으로 임금을 섬겨야 한다.

| | | |
|---|---|---|
| 근본 **자**<br>(貝부 6획) | ﾉ ﾆ ﾆ ﾆ ﾆ ﾆ 次 次 咨 咨<br>咨 咨 資 資 | |
| 資金(근본 자, 쇠 금) 사업을 경영하는 데 쓰이는 돈. 자본금. | | |
| 아버지 **부**<br>(父부 0획) | ﾉ ﾉ ﾉ 父 | |
| 父業(아버지 부, 업 업) 아버지의 직업. 대대로 내려오며 영위하는 직업. | | |
| 일 **사**<br>(丨부 7획) | ﾏ ﾏ ﾏ ﾏ ﾏ ﾏ ﾏ 事 | |
| 事實(일 사, 열매 실) 실제로 있거나 일어난 일. 진실한 일. | | |
| 임금 **군**<br>(口부 4획) | ﾏ ﾏ ﾏ 尹 尹 君 君 | |
| 君主(임금 군, 주인 주) 임금. 나라님. | | |

## 日嚴與敬 (왈엄여경)

【풀이】임금을 대함에 있어 엄숙함과 공경함이 있어야 한다.

| | | |
|---|---|---|
| 日 | 가로되 **왈** (日부 0획) | ㅣㄇㅂ日 |
| | 曰可曰否(가로되 왈, 옳을 가, 가로되 왈, 아닐 부) 어떤 일에 대하여 옳으니 그르니 함. | |
| 嚴 | 엄할 **엄** (口부 17획) | 嚴 |
| | 嚴罰(엄할 엄, 죄 벌) 엄중한 처벌을 함. | |
| 與 | 더불어 **여** (臼부 7획) | 與 |
| | 與否(더불어 여, 아닐 부) 그러함과 그러하지 않음. | |
| 敬 | 공경할 **경** (攵부 9획) | 敬 |
| | 敬虔(공경할 경, 정성 건) 공경하는 마음으로 깊이 삼가고 조심함. | |

孝當竭力
(효당갈력)

【풀이】부모를 섬기는 데 있어서 자식으로서 마땅히 있는 힘을 다하여야 한다.

| | | |
|---|---|---|
| 孝 | 효도 **효** (子부 4획) | 一 十 土 少 岁 孝 孝 |
| | **孝行**(효도 효, 행할 행) 부모를 잘 섬기는 행실. | |
| 當 | 마땅할 **당** (田부 8획) | 丨 丷 丬 丬 丬 尚 尚 當 當 當 當 當 |
| | **當然**(마땅할 당, 그러할 연) 이치로 보아 마땅히 그럴 것임. | |
| 竭 | 다할 **갈** (立부 9획) | 丶 二 二 立 立 竭 竭 竭 竭 竭 竭 竭 竭 |
| | **竭力**(다할 갈, 힘 력) 있는 힘을 다함. | |
| 力 | 힘 **력** (力부 0획) | フ 力 |
| | **力說**(힘 력, 말씀 설) 힘써 주장함. 다짐을 주어 말함. | |

## 忠則盡命
### (충즉진명)

**【풀이】** 임금을 섬기는 데 있어서는 목숨도 아끼지 않을 각오가 되어 있어야 한다.

| | | |
|---|---|---|
| 忠 | 충성 **충**<br>(心부  4획) | ⺀ ⼝ ⼝ 中 忠 忠 忠 忠 |
| | 忠臣(충성 충, 신하 신) 나라와 임금을 위해 충절을 다하는 신하. | |
| 則 | 곧 **즉**·법 **칙**<br>(刂부  7획) | ⼁ ⼏ ⺆ ⺆ 目 貝 貝 則 則 |
| | 規則(법 규, 법 칙) 정해진 질서. | |
| 盡 | 다할 **진**<br>(皿부  9획) | ⼀ ⺕ ⺕ 由 盡 盡 盡 盡 盡<br>盡 盡 盡 盡 盡 |
| | 盡心(다할 진, 마음 심) 마음을 다함. | |
| 命 | 목숨 **명**<br>(口부  5획) | ⼃ ⼈ ⼆ ⼺ 令 令 命 命 |
| | 命脈(목숨 명, 맥 맥) 생명의 근본이 되는 목숨과 맥. | |

## 臨深履薄 (임심리박)

【풀이】 매사에 깊은 곳에 임하듯 하며, 얇은 데를 밟듯이 조심하여야 한다.

| 臨 | 임할 **임(림)**<br>(臣부 11획) | ´ ´ ´ ´ ´ ´ ´ ´ ´ ´ ´ ´ ´ ´ ´ 臨 臨 |
| | 君臨(임금 군, 임할 림) 군주로서 그 나라를 거느려 다스림. | |
| 深 | 깊을 **심**<br>(氵부 8획) | ` ` 氵 氵 氵 氵 氵 氵 氵 氵 深 深 |
| | 深慮(깊을 심, 생각할 려) 깊이 생각함. 깊은 사려. 걱정. | |
| 履 | 밟을 **리(이)**<br>(尸부 12획) | ´ ´ 尸 尸 尸 尸 尸 尸 尸<br>屛 屛 屛 屛 屛 履 |
| | 履歷(밟을 이, 지낼 력) 지금까지의 학업·직업 따위의 경력. | |
| 薄 | 얇을 **박**<br>(艹부 13획) | ` ` ` ` ` ` ` ` ` ` ` ` `<br>苩 苩 苩 蒲 薄 薄 薄 薄 |
| | 薄德(얇을 박, 덕 덕) 심덕이 두텁지 못하거나 덕행이 적음. | |

| | | |
|---|---|---|

夙興溫凊
(숙흥온청)

【풀이】일찍 일어나서 추우면 덥게, 더우면 서늘하게 부모를 모셔야 한다.

| | | |
|---|---|---|
| **夙** | 이를 **숙**<br>(夕부 3획) | 丿几凡凡夙夙 |
| | 夙成(이를 숙, 이룰 성) 일찍 이루어짐. 일찍 성취함. | |
| **興** | 일어날 **흥**<br>(臼부 9획) | 丨冂冂冃冃冃冃佣佣<br>佣佣佣佣兴典興 |
| | 興行(일어날 흥, 행할 행) 왕성하게 행해짐. | |
| **溫** | 따뜻할 **온**<br>(氵부 10획) | 丶丶氵氵沪沪沪沪沪沪<br>沪沪温溫 |
| | 溫情(따뜻할 온, 따뜻할 난) 날씨가 따뜻함. | |
| **凊** | 서늘할 **청**<br>(氵부 8획) | 丶丶氵氵沪淸淸淸淸<br>淸 |
| | | |

似蘭斯馨
(사란사형)

【풀이】군자는 그 지조와 절개가 난
초의 향기와 같이 멀리까지
퍼져 나간다.

| 같을　　**사**<br>(亻부　5획) | ノ 亻 仃 仉 似 似 似 |
| --- | --- |
| **類似**(무리 유, 같을 사) 서로 비슷함. | |
| 난초　　**란**<br>(艹부　17획) | 艹 艹 艹 茚 茚 茚 茚 茚<br>茚 茚 茚 蕑 蕑 蕑 蘭 蘭 蘭 |
| **芝蘭**(지초 지, 난초 란) 영지와 난초. 맑고<br>높은 재질의 비유. | |
| 이　　　**사**<br>(斤부　8획) | 一 十 卄 甘 甘 甘 其 其 其<br>斯 斯 斯 |
| **斯道**(이 사, 길 도) 이 길. 성현의 길. | |
| 향기로울 **형**<br>(香부　11획) | 十 土 吉 吉 吉 声 声 殸 殸<br>殸 殸 馨 馨 馨 馨 馨 馨 馨 |
| **馨香**(향기로울 형, 향기 향) 꽃다운 향기. | |

## 如松之盛 (여송지성)

【풀이】 소나무 같이 푸르고 성함은 군자의 절개를 비유한 것이다.

| 글자 | 훈음 | 필순 |
| --- | --- | --- |
| 如 | 같을 여 (女부 3획) | ㄑ 女 女 女 如 如 |
| | 如前(같을 여, 앞 전) 전과 다름이 없음. | |
| 松 | 소나무 송 (木부 4획) | 一 十 才 木 朩 朩 松 松 |
| | 松津(소나무 송, 나루 진) 소나무에서 분비되는 끈끈한 액체. | |
| 之 | 갈 지 (丿부 3획) | 丶 ㇇ 之 |
| | 之東之西(갈 지, 동녘 동, 갈 지, 서녘 서) 동으로 갈까 서로 갈까 갈팡질팡함. | |
| 盛 | 성할 성 (皿부 7획) | 丿 厂 万 成 成 成 成 盛 盛 盛 盛 |
| | 隆盛(클 융, 성할 성) 번영하여 성함. | |

川流不息
(천류불식)

【풀이】쉬지 않고 흐르는 냇물처럼
군자는 꾸준히 덕행을 쌓아
야 한다.

| 川 | 내 　　천<br>(川부　0획) | ) ) )[ ][ |
|---|---|---|
| | 山川(메 산, 내 천) 산과 내. | |
| 流 | 흐를 　　류<br>(氵부　7획) | ` ` 氵 氵 沪 沪 沣 浐 浐 流<br>流 |
| | 上流(위 상, 흐를 류) 강이나 내의 수원(水源)에 가까운 부분. | |
| 不 | 아니 　　불<br>(一부　3획) | 一 ア 不 不 |
| | 不能(아니 불, 능할 능) 능력이나 재능이 없음. | |
| 息 | 쉴 　　식<br>(心부　6획) | ' ′ 冂 冃 甪 自 自 息 息<br>息 |
| | 休息(쉴 휴, 쉴 식) 하던 일을 멈추고 쉼. | |

淵澄取映
(연징취영)

【풀이】못이 맑아 모든 물체가 비치우니 군자의 마음씨를 말함이다.

| 淵 | 못　　연<br>(氵부　8획) | `丶丶氵氵氵氵氵氵氵氵氵` 淵淵淵 |
| | 深淵(깊을 심, 못 연) 깊은 연못. | |
| 澄 | 맑을　징<br>(氵부　12획) | `丶丶氵氵氵氵氵氵氵` 澄澄澄澄澄澄 |
| | 清澄(맑을 청, 맑을 징) 맑고 깨끗함. 또는 맑고 깨끗하게 함. | |
| 取 | 취할　취<br>(又부　6획) | `一丆丆F耳耳取取` |
| | 取扱(취할 취, 미칠 급) 사물을 다룸. 응대하거나 대접함. | |
| 映 | 비칠　영<br>(日부　5획) | `丨冂日日日日`映映映 |
| | 投映(던질 투, 비칠 영) 슬라이드 따위를 비쳐냄. | |

容止若思
(용지약사)

【풀이】군자는 행동을 침착히 하고
깊이 생각하는 태도를 지녀
야 한다.

| 容 | 얼굴 **용**<br>(宀부 7획) | 丶丶宀宀宀宀宓宓容容 |
|---|---|---|
| | 美容(아름다울 미, 얼굴 용) 용모를 아름답게 단장함. | |
| 止 | 고요할 **지**<br>(止부 0획) | 丨 ㅏ 止 止 |
| | 廢止(폐할 폐, 고요할 지) 실시하던 제도·법규·일 등을 치워서 그만둠. | |
| 若 | 같을 **약**<br>(艹부 5획) | 丶丶艹艹艹芋芊若若 |
| | 若干(같을 약, 방패 간) 얼마되지 아니함. | |
| 思 | 생각 **사**<br>(心부 5획) | 丶口口田田思思思思 |
| | 思索(생각 사, 찾을 색) 사물의 이치를 따져 깊이 생각함. | |

言辭安定
(언사안정)

【풀이】태도만 침착할뿐 아니라 말
도 안정케 하여 쓸데없는 말
을 삼가하라.

| 言 | 말씀　　언<br>(言부　0획) | ` 一 느 느 言 言 言 |
|---|---|---|

言及(말씀 언, 미칠 급) 어떤 문제에 대하여
　　말함.

| 辭 | 말씀　　사<br>(辛부　12획) | ′ ′ ′ ′ ′ ′ 斉 斉<br>斉 斉 斉 斉 斉 辭 辭 辭 辭 |
|---|---|---|

頌辭(기릴 송, 말씀 사) 공덕을 기리는 말.

| 安 | 편안할　안<br>(宀부　3획) | ` ` 宀 宀 安 安 |
|---|---|---|

安樂(편안할 안, 즐길 락) 편안하고 즐거움.

| 定 | 정할　　정<br>(宀부　5획) | ` ` 宀 宀 宀 宇 宇 定 定 |
|---|---|---|

定刻(정할 정, 새길 각) 정해진 시각. 일정
　　한 시각.

篤初誠美
(독초성미)

【풀이】 매사에 있어 시작을 성실하
고 신중하게 하여야 한다.

| 篤 | 도타울 **독**<br>(竹부 10획) | ´ ´ ´ ´´ ´´ ´´ ´´ ´´ ´´ ´´<br>竿 竿 篤 篤 篤 篤 篤 |
|---|---|---|
| | **篤實**(도타울 독, 열매 실) 인정이 두텁고 일<br>에 충실함. | |
| 初 | 처음 **초**<br>(刀부 5획) | ` ´ ´ ´ ´ ´ 初 初 |
| | **當初**(마땅할 당, 처음 초) 애초. 맨 처음 | |
| 誠 | 정성 **성**<br>(言부 7획) | ` ` ` ` ` ` ` ` ` ` ` `<br>訪 誠 誠 誠 |
| | **誠心**(정성 성, 마음 심) 마음을 정성스럽게<br>함. | |
| 美 | 아름다울 **미**<br>(羊부 3획) | ` ` ` ` ` ` ` ` 美 美 |
| | **美談**(아름다울 미, 말씀 담) 아름다운 이야<br>기. | |

# 愼終宜令
## (신종의령)

【풀이】처음뿐 아니라 끝맺음도 성실하게 하면 마땅히 좋은 결과를 얻을 수 있다.

| 愼 | 삼갈　신<br>(忄부　10획) | 丶丶忄忄忄忄忄忄忄<br>愼愼愼愼 |
|---|---|---|
| | 愼重(삼갈 신, 무거울 중) 삼가고 조심함. | |
| 終 | 끝　　종<br>(糸부　5획) | 幺幺幺纟纟糸糸紛紛終<br>終終 |
| | 終着(끝 종, 붙을 착) 마지막으로 닿음. 마지막에 이름. | |
| 宜 | 마땅할　의<br>(宀부　5획) | 丶丶宀宀宁宜宜宜 |
| | 宜當(마땅할 의, 마땅할 당) 마땅함. 마땅히. | |
| 令 | 하여금　령<br>(人부　3획) | 丿人人今令 |
| | 假令(거짓 가, 하여금 령) 어떤 일을 가정하여 쓰는 말. | |

# 榮業所基
## (영업소기)

**【풀이】** 이상과 같이 잘 지켜 행하면 그 행실은 번성하는 바탕이 된다.

| 榮 | 영화 **영** (木부 10획) | `丶 丷 ㅛ ㅆ ㅆ ㅆ ㅆ ㅆ` `炏 炏 尜 笶 榮` |
| | 榮位(영화 영, 자리 위) 영광스러운 자리. | |
| 業 | 일 **업** (木부 9획) | `丨 丬 丬 丱 丱 丱 丱 丱 丱` `丵 丵 業 業` |
| | 業報(일 업, 갚을 보) 전생에서 한 일에 대하여 이승에서 받는 선악의 갚음. | |
| 所 | 바 **소** (戶부 4획) | `丶 丿 丆 戶 戶 所 所 所` |
| | 所用(바 소, 쓸 용) 쓰이는 바. | |
| 基 | 바탕 **기** (土부 8획) | `一 十 卄 井 甘 甘 其 其 其` `基 基` |
| | 基礎(바탕 기, 주춧돌 초) 사물의 밑바닥. 토대. | |

籍甚無竟
(적심무경)

【풀이】 그뿐만 아니라 자신의 명예
로운 이름이 길이 전하여질
것이다.

| 籍 | 호적 **적**<br>(竹부 14획) | ノ ト ト ⺮⺮ ⺮⺮ ⺮ ⺮ ⺮<br>⺮ 籍 籍 籍 籍 籍 籍 籍 籍 |
| | 戶籍(지게 호, 호적 적) 호주를 중심으로<br>한 집안의 본적지 · 성명 · 생년월일 등<br>신분에 관한 것을 적은 공문서. | |
| 甚 | 더욱 **심**<br>(甘부 4획) | 一 十 十 十 甘 甘 其 其 甚 |
| | 甚難(더욱 심, 어려울 난) 매우 어려움. | |
| 無 | 없을 **무**<br>(灬부 8획) | ノ 亻 亠 ⺧ 無 無 無 無 無 無<br>無 無 無 |
| | 無窮(없을 무, 다할 궁) 한이 없음. 시간이<br>나 공간이 끝이 없음. | |
| 竟 | 마침내 **경**<br>(立부 6획) | 、 亠 亠 立 立 产 产 音 音 音<br>竟 竟 |
| | 畢竟(마칠 필, 마침내 경) 결국. 마침내. | |

# 學優登仕
## (학우등사)

【풀이】배운 것이 넉넉하면 벼슬길에 오를 수 있다.

| | | |
|---|---|---|
| 배울 **학**<br>(子부 13획) | `ᐟ ᐟ ᐟ ᐟ ᐟ ᐟ ᐟ ᐟ` <br> 學 學 學 學 學 學 學 |
| 學術(배울 학, 꾀 술) 학문 또는 응용을 포함한 학문의 방법. | | |
| 넉넉할 **우**<br>(亻부 15획) | `ノ 亻 亻 亻 亻 佰 佰 佰 佰` <br> 佰 佰 佰 佰 佰 優 優 優 |
| 優等(넉넉할 우, 같을 등) 성적이 우수함.<br>높은 등급. | | |
| 오를 **등**<br>(癶부 7획) | `ノ ノ ノ ノ 欠 癶 癶 癶 啓` <br> 啓 啓 登 |
| 登壇(오를 등, 단 단) 어떤 사회적 분야에 처음 등장함. | | |
| 벼슬 **사**<br>(亻부 3획) | `ノ 亻 亻 什 仕` |
| 奉仕(받들 봉, 벼슬 사) 남을 위하여 공손히 시중듦. | | |

攝職從政
(섭직종정)

【풀이】벼슬길에 올라 정사에 참여
할 수 있게 된다.

| | | |
|---|---|---|
| 攝 | 잡을　　섭<br>(扌부 18획) | 一 扌 扌 扌 扩 扩 扩 扩 扩<br>扩 扩 扩 扩 摳 摳 摳 攝 攝 |
| | 攝理(잡을 섭, 다스릴 리) 신이 이 세상의<br>모든 일을 다스리는 일. | |
| 職 | 일　　　직<br>(耳부 12획) | 一 丆 丆 耳 耳 耳 耵 耵<br>耶 聑 聄 聵 聵 聵 職 職 職 |
| | 職場(일 직, 마당 장) 일정한 직책을 가지고<br>일을 하는 일터. | |
| 從 | 좇을　　종<br>(彳부 8획) | ' 彳 彳 彳 彳 彷 彿 従 従<br>從 從 |
| | 從屬(좇을 종, 엮을 속) 주(主)되는 것에 딸<br>려 붙음. | |
| 政 | 정사　　정<br>(攵부 5획) | 一 T T 正 正 正 政 政 政 |
| | 國政(나라 국, 정사 정) 나라의 정치. | |

存以甘棠
(존이감당)

【풀이】 주나라 소공이 감당나무 아래서 백성을 교화시켰다.

| | | |
|---|---|---|
| 存 | 있을 존<br>(子부 3획) | 一 ナ ナ 存 存 存 |
| | 存續(있을 존, 이을 속) 없어지지 않고 계속하여 존재함. | |
| 以 | 써 이<br>(人부 3획) | ㅣ ㄴ ㄴ 以 以 |
| | 以後(써 이, 뒤 후) 그 뒤. 그 후. | |
| 甘 | 달 감<br>(甘부 0획) | 一 十 廿 廿 甘 |
| | 甘酒(달 감, 술 주) 맛이 좋은 술. 또는 단술. | |
| 棠 | 아가위 당<br>(木부 8획) | ㅣ ㅣ ㅳ ㅳ 告 告 常 常 堂<br>堂 堂 棠 |
| | 海棠花(바다 해, 아가위 당, 꽃 화) 장미과의 낙엽 활엽 관목. | |

去而益詠
(거이익영)

【풀이】소공이 죽은 후 남국의 백성이 그의 덕을 추모하는 감당시를 읊었다.

| 去 | 갈　　　　거 (厶부　3획) | 一 十 土 去 去 |
| | 去來(갈 거, 올 래) 가는 것과 오는 것. | |
| 而 | 어조사　　이 (而부　0획) | 一  T 广 丙 而 而 |
| | 而今(어조사 이, 이제 금) 지금에 이르러. | |
| 益 | 더할　　　익 (皿부　5획) | ノ 八 八 八 父 父 谷 谷 益 益 |
| | 損益(덜 손, 더할 익) 손해와 이익. | |
| 詠 | 읊을　　　영 (言부　5획) | 丶 二 士 士 言 言 言 訓 訓 訓 詠 |
| | 詠歎(읊을 영, 읊을 탄) 소리를 길게 뽑아 읊음. | |

# 樂殊貴賤
(악수귀천)

【풀이】 풍류는 즐기는 귀천이 다르니 천자와 제후, 사대부가 각각 다르다.

| 樂 | 풍류 **악**<br>(木부 11획) | `´ ſ ſ ſ ſ ſ ſ ſ ſ ſ ſ ſ ſ ſ ſ ſ ſ ſ ſ ſ ſ ſ ſ ſ ſ ſ ſ ſ ſ ſ ſ ſ`<br>樂器(풍류 악, 그릇 기) 음악에 쓰는 기구. |
| 殊 | 다를 **수**<br>(歹부 6획) | `´ ſ ſ ſ ſ ſ ſ ſ ſ 殊`<br>殊常(다를 수, 항상 상) 보통과 다르게 뛰어나거나 이상함. |
| 貴 | 귀할 **귀**<br>(貝부 5획) | `´ ſ ſ ſ 中 电 串 串 貴 貴 貴`<br>貴賓(귀할 귀, 손 빈) 귀한 손님. |
| 賤 | 천할 **천**<br>(貝부 8획) | `ſ ſ ſ ſ ſ ſ ſ ſ ſ ſ ſ ſ ſ`<br>賤待(천할 천, 기다릴 대) 업신여기어 푸대접함. 함부로 다룸. |

禮別尊卑
(례별존비)

【풀이】예도에도 높고 낮음의 구별이 있다. (군신, 부자, 부부, 장유, 붕우의 차별이 있다.)

| 禮 | 예도 례(예) (示부 13획) | 一 亅 亍 示 示 示 和 和 神 神 神 神 神 禮 禮 禮 禮 禮 禮 |
|---|---|---|
| | 家禮(집 가, 예도 례) 한 집안의 예법. | |
| 別 | 다를 별 (刂부 5획) | 丶 口 口 另 別 別 別 |
| | 別種(다를 별, 씨 종) 다른 종자. 특별한 종류. | |
| 尊 | 높을 존 (寸부 9획) | 丷 八 丷 丷 丷 丷 丷 甾 甾 甾 尊 尊 |
| | 尊重(높을 존, 무거울 중) 높이고 중하게 여김. | |
| 卑 | 낮을 비 (十부 6획) | 丿 丶 ケ 白 白 甶 甶 鱼 卑 |
| | 卑劣(낮을 비, 못할 열) 성품과 행실이 천하고 용렬함. | |

上和下睦
(상화하목)

【풀이】위에서 사랑을 베풀고 아래에서는 공경함을 가지면 화목이 된다.

| 上 | 윗 **상**<br>(一부 2획) | ㅣ ㅏ 上 |
|---|---|---|
| | 上級(윗 상, 등급 급) 윗 등급. 높은 등급. | |
| 和 | 화목할 **화**<br>(口부 5획) | ′ ′ 千 禾 禾 和 和 |
| | 和合(화목할 화, 합할 합) 화목하여 합하게 함. | |
| 下 | 아래 **하**<br>(一부 2획) | 一 丁 下 |
| | 下落(아래 하, 떨어질 락) 물건 값이 내림. 어떤 것의 정도나 등급이 떨어짐. | |
| 睦 | 화목할 **목**<br>(目부 8획) | ㅣ 冂 冂 目 目 目ˊ 目ᐩ 睦 睦 睦 睦 睦 |
| | 和睦(화목할 화, 화목할 목) 서로 뜻이 맞고 정다움. | |

# 夫唱婦隨 (부창부수)

【풀이】 지아비가 부르면 지어미는 따른다. 즉 원만한 가정을 말한다.

| | | |
|---|---|---|
| 夫 | 남편 부 (大부 1획) | 一 二 扌 夫 |
| | 丈夫(어른 장, 남편 부) 다 자란 씩씩한 남자. | |
| 唱 | 부를 창 (口부 8획) | 丨 冂 口 口丨 口冂 口日 口日 口旦 唱 唱 唱 |
| | 唱歌(부를 창, 노래 가) 곡조에 맞추어 노래 부름. | |
| 婦 | 아내 부 (女부 8획) | 𡿨 女 女 女⺈ 女⺕ 女⺕ 女⺕ 女⺕ 婦 婦 婦 |
| | 主婦(주인 주, 며느리 부) 한 집안의 주인의 아내. 안주인. | |
| 隨 | 따를 수 (阝부 13획) | ⺂ 阝 阝 阝一 阝ナ 阝ナ 阝左 阝左 阝左 隋 隋 隋 隋 隋 隨 隨 |
| | 隨伴(따를 수, 짝 반) 반려로서 붙어 따름. 어떤 일과 함께 일어남. | |

## 外受傅訓
### (외수부훈)

【풀이】 밖에 나가서는 스승에게 가르침을 받아야 한다.

| | | |
|---|---|---|
| 外 | 바깥 **외**<br>(夕부 2획) | ノ ク タ 外 外 |
| | 例外(법식 예, 바깥 외) 일반적인 규칙이나 통례를 벗어나는 일. | |
| 受 | 받을 **수**<br>(又부 6획) | ⌒ ⌒ ⌒ ⌒ ⌒ 疒 受 受 |
| | 受講(받을 수, 익힐 강) 강습이나 강의를 받음. | |
| 傅 | 스승 **부**<br>(亻부 10획) | ノ 亻 亻 亻 佰 佰 佰 俌 傅<br>傅 傅 傅 |
| | 師傅(스승 사, 스승 부) 스승. 임금의 아들 또는 손자를 교육하던 벼슬. | |
| 訓 | 가르칠 **훈**<br>(言부 3획) | ` ⌐ ⌐ 言 言 言 言 言 訓<br>訓 |
| | 教訓(가르칠 교, 가르칠 훈) 가르치고 이끌어 줌. | |

入奉母儀
(입봉모의)

【풀이】집에 들어와서는 어머니의 언행과 범절을 본받아 예의에 어긋난 거동을 하지 않는다.

| | | |
|---|---|---|
|  | 들 **입**<br>(入부 0획) | ノ 入 |
| | 入住(들 입, 살 주) 새로 지은 집에 들어가 살기 시작함. | |
|  | 받들 **봉**<br>(大부 5획) | 一 二 三 丰 夫 表 奉 奉 |
| | 奉祝(받들 봉, 빌 축) 공경하는 마음으로 받들어 축하함. | |
| | 어미 **모**<br>(毋부 1획) | 乚 厶 ⺟ 母 母 |
| | 母性(어미 모, 성품 성) 어머니로서 가지는 정신적·육체적 특성. | |
| | 거동 **의**<br>(亻부 13획) | ノ 亻 亻 亻 仔 仹 俾 俤 俤 傄 傄 傄 儀 儀 儀 |
| | 儀式(거동 의, 법 식) 예식 때의 범절. 예식을 갖추는 법. | |

# 諸姑伯叔 (제고백숙)

【풀이】 고모와 백부, 숙부는 가까운 친척이다.

| | | |
|---|---|---|
| 諸 | 모두 **제** (言부 9획) | 丶 亠 亖 言 言 言 言 言 計 計 訫 訫 諸 諸 諸 諸 |
| | 諸君(모두 제, 임금 군) 여러분. 그대들. | |
| 姑 | 고모 **고** (女부 5획) | 𡿨 女 女 女 女 妒 姑 姑 |
| | 姑母(고모 고, 어미 모) 아버지의 누나. | |
| 伯 | 맏이 **백** (亻부 5획) | 丿 亻 亻 亻 伯 伯 伯 |
| | 伯父(맏이 백, 아비 부) 큰 아버지. | |
| 叔 | 아저씨 **숙** (又부 6획) | 丨 卜 上 于 寸 未 叔 叔 |
| | 叔父(아저씨 숙, 아비 부) 아버지의 동생. 작은아버지. | |

# 猶子比兒
## (유자비아)

【풀이】 조카들도 자기의 아들과 같이 잘 보살펴야 한다. 유자란 조카를 말한다.

| | |
|---|---|
| 같을 **유** (犭부 9획) | ´ ノ ろ ゔ ゔ゙ ゔ゙゛ ゔ゙゛゙ 猶 猶<br>猶 猶 猶 |
| 猶父猶子(같을 유, 아비 부, 같을 유, 아들 자) 아버지 같고 자식 같다는 뜻. 삼촌과 조카 사이를 일컬음. | |
| 아들 **자** (子부 0획) | ´ 了 子 |
| 子孫(아들 자, 손자 손) 아들과 손자. | |
| 견줄 **비** (比부 0획) | ´ ト ト 比 |
| 比例(견줄 비, 법식 례) 예를 들어 비교함. | |
| 아이 **아** (儿부 6획) | ´ ´ ´ ´ ㅸ ㅸ ㅸ ㅸ ㅸ 兒 |
| 健兒(튼튼할 건, 아이 아) 건장한 남아. | |

猶<br>子<br>比<br>兒

## 孔懷兄弟
### (공회형제)

【풀이】 형제는 서로 사랑하고 도우며 사이좋게 지내야 한다.

| 매우 **공** (子부 1획) | ` ` ` 子 孔 |
|---|---|
| 孔劇(매우 공, 심할 극) 몹시 지독함. | |
| 품을 **회** (忄부 16획) | ` ` ` 忄 忄 忄 忄 忄 忄 忄 忄 忄 忄 忄 懷 懷 懷 懷 |
| 懷柔(품을 회, 부드러울 유) 어루만져 잘 달램. | |
| 형 **형** (儿부 3획) | ` 丶 口 口 尸 兄 |
| 兄嫂(형 형, 형수 수) 형의 아내. | |
| 아우 **제** (弓부 4획) | ` 丶 丷 兰 异 弟 弟 |
| 弟妹(아우 제, 누이 매) 남동생과 여동생. | |

孔懷兄弟

同氣連枝
(동기연지)

【풀이】형제는 부모의 기운을 같이 받았으니 나무에 비하면 가지와 같다.

| 同 | 같을 **동** (口부 3획) | 丨 冂 冂 冃 同 同 |
| | 協同(도울 협, 같을 동) 마음을 같이 하고 힘을 합침. | |
| 氣 | 기운 **기** (气부 6획) | 丿 一 气 气 气 气 氣 氣 氣 氣 |
| | 氣槪(기운 기, 대개 개) 씩씩한 기상과 꿋꿋한 절개. | |
| 連 | 이을 **련(연)** (辶부 7획) | 一 广 冂 冃 盲 亘 車 車 連 連 連 |
| | 連發(이을 연, 쏠 발) 잇달아 일어남. 연달아 활이나 총을 쏨. | |
| 枝 | 가지 **지** (木부 4획) | 一 十 才 才 木 朴 杉 杉 枝 |
| | 枝葉(가지 지, 잎 엽) 가지와 잎. 사물의 중요하지 않은 부분. | |

交友投分
(교우투분)

【풀이】벗을 사귐에 있어서는 서로 분수에 맞는 사람끼리 사귀어야 한다.

| 交 | 사귈 **교** (亠부 4획) | `丶 亠 亠 六 交 交` |
|---|---|---|
| | 交際(사귈 교, 사이 제) 서로 사귀어 가까이 함. | |
| 友 | 벗 **우** (又부 2획) | `一 ナ 方 友` |
| | 友邦(벗 우, 나라 방) 서로 친밀한 관계를 맺은 좋은 나라. | |
| 投 | 던질 **투** (扌부 4획) | `一 扌 扌 扌 护 投 投` |
| | 投身(던질 투, 몸 신) 어떤 일에 몸을 던져 관계함. 물에 몸을 던짐. | |
| 分 | 나눌 **분** (刀부 2획) | `丿 八 分 分` |
| | 分斷(나눌 분, 끊을 단) 동강이 나게 끊어 자르는 것. | |

## 切磨箴規
### (절마잠규)

【풀이】벗은 열심히 학문과 기술을 갈고 닦아 사람으로서의 도리를 지킬 수 있도록 이끌어야 한다.

| 끊을 **절**<br>(刀부 2획) | 一 七 切 切 |
|---|---|

切開(끊을 절, 열 개) 치료하기 위해 피부나 근육들을 째어 갈라 젖힘.

| 갈 **마**<br>(石부 11획) | 丶 亠 广 广 庐 庐 庐 庐 麻 麻 麻 麻 麼 麼 磨 磨 磨 |
|---|---|

摩擦(갈 마, 비빌 찰) 뜻이 서로 맞지 않아서 충돌함.

| 경계 **잠**<br>(竹부 7획) | ノ ト ケ ゲ ゲ 竹 竺 笁 笁 笁 笁 箴 箴 箴 |
|---|---|

箴言(경계 잠, 말씀 언) 훈계가 되는 말.

| 법 **규**<br>(見부 4획) | 一 二 夫 夫 扫 扫 扫 規 規 規 |
|---|---|

規律(법 규, 법 율) 행동의 준칙이 되는 본보기. 일정한 질서나 차례.

## 仁慈隱惻
### (인자은측)

【풀이】 어진 마음으로 남을 사랑하고, 불쌍한 사람을 보면 측은하게 여긴다.

| | | |
|---|---|---|
| 仁 | 어질 **인**<br>(亻부 2획) | ノ 亻 仁 仁 |
| | 仁慈(어질 인, 인자할 자) 마음이 어질고 자애스러움. | |
| 慈 | 사랑 **자**<br>(心부 10획) | ` ` ` `` ``` ``` ``` ``` ``` ```<br>慈 慈 慈 慈 |
| | 慈愛(사랑 자, 사랑 애) 아랫사람에 대한 도타운 사랑. 인정이 많음. | |
| 隱 | 측은할 **은**<br>(阝부 14획) | ` ` ` ` ` ` ` ` ` `<br>隱 隱 隱 隱 隱 隱 隱 隱 |
| | 隱遁(측은할 은, 달아날 둔) 세상을 피해 숨음. | |
| 惻 | 불쌍할 **측**<br>(忄부 9획) | ` ` ` ` ` ` ` ` ` `<br>惻 惻 惻 |
| | 惻隱(불쌍할 측, 불쌍할 측) 가엾게 여김. 또는 가엾고 애처로움. | |

造次弗離
(조차불리)

【풀이】 남을 동정하는 마음을 항상 간직하여야 한다.

| | | |
|---|---|---|
| 造 | 지을 **조**<br>(辶부 7획) | ㇒ ㇒ ㇏ 牛 牛 告 告 浩 浩<br>浩 造 |
| | 造成(지을 조, 이룰 성) 물건을 만들어서 이룸. | |
| 次 | 버금 **차**<br>(欠부 2획) | ㇒ ㇒ ㇀ 汐 次 次 |
| | 次席(버금 차, 자리 석) 수석의 다음 자리. | |
| 弗 | 아닐 **불**<br>(弓부 2획) | ㇆ ㇆ 弓 弗 弗 |
| | 弗貨(아닐 불, 재화 화) 달러를 단위로 하는 화폐. | |
| 離 | 떠날 **리(이)**<br>(隹부 11획) | ㇒ ㇐ ㇀ 亠 产 卤 卤 离 离<br>离 离 离 离 离 离 离 離 離 離 |
| | 離職(떠날 이, 벼슬 직) 직장이나 직업을 떠남. | |

節義廉退
(절의렴퇴)

【풀이】 군자는 절개와 의리를 지키고, 청렴하여 불의와 부정 앞에서는 물러설 줄도 알아야 한다.

| 節 | 마디 **절** (竹부 9획) | ´ ´ ´ ´ ´ ` `` `` `` `` `` ` 節 節 節 節 節 節 |
|---|---|---|
| | 節制(마디 절, 마를 제) 절도와 규범이 있음. | |
| 義 | 옳을 **의** (羊부 7획) | ` ` ` ` ` ` ` 羊 羊 羊 羊 義 義 義 |
| | 正義(바를 정, 옳을 의) 올바른 도리(道理). | |
| 廉 | 청렴 **렴** (广부 10획) | ` ` 广 广 广 产 产 库 庐 庐 廉 廉 廉 廉 |
| | 淸廉(맑을 청, 청렴 렴) 성품이 고결하고 탐욕이 없음. | |
| 退 | 물러갈 **퇴** (辶부 6획) | ` ` ` ` ` ` ` `退 退 |
| | 退去(물러갈 퇴, 갈 거) 살고 있던 곳을 떠나감. | |

顚沛匪虧
(전패비휴)

【풀이】 엎어지고 자빠져도 이지러지지 않으니 항상 용기를 잃지 말라.

| 顚 | 엎드러질 **전**<br>(頁부 10획) | ᅳ ᅡ ᅢ ᅣ ᅤ ᅦ ᅧ ᅨ ᅩ 眞<br>眞 眞 眞 顚 顚 顚 顚 顚 |
|---|---|---|
| | 顚覆(엎드러질 전, 뒤집힐 복) 뒤집힘. 뒤집어엎음. | |
| 沛 | 자빠질 **패**<br>(氵부 4획) | ᅠᅠ ᅠ ᅵ ᅵᅵ ᅵᅵᅵ ᅵᅵᅵ ᅵᅵᅵ 沛 沛 |
| | 沛然(자빠질 패, 그러할 연) 성대한 모양. 비가 몹시 내리는 모양. | |
| 匪 | 아닐 **비**<br>(匚부 8획) | ᅳ ᅵ ᅵ ᅦ ᅦ ᅦ 非 非 非<br>匪 |
| | 匪賊(아닐 비, 도둑 적) 떼 지어 다니며 살인·약탈을 일삼는 도둑의 무리. | |
| 虧 | 이지러질 **휴**<br>(虍부 11획) | ᅵ ᅡ ᅣ ᅣ 广 虍 虍 虍 虍<br>虐 虐 虧 虧 虧 虧 虧 虧 |
| | 虧月(이지러질 휴, 달 월) 이지러진 달. | |

性靜情逸
(성정정일)

【풀이】 성품이 고요하면 편안한 마음을 지닐 수 있다.

| 性 | 성품 **성**<br>(忄부 5획) | 丶 丶 忄 忄 忄 忄 性 性 |
|---|---|---|
| | 性能(성품 성, 능할 능) 성질과 능력. 기계 따위의 일을 해낼 수 있는 기능. | |
| 靜 | 고요할 **정**<br>(靑부 8획) | 一 二 十 主 丰 青 青 青 青<br>靑 靑 靑 靜 靜 靜 靜 |
| | 平靜(평할 평, 고요할 정) 평안하고 고요함. | |
| 情 | 뜻 **정**<br>(忄부 8획) | 丶 丶 忄 忄 忄 忄 情 情 情<br>情 情 |
| | 表情(겉 표, 뜻 정) 얼굴에서 겉으로 드러나는 기분, 감정. | |
| 逸 | 편안할 **일**<br>(辶부 8획) | 丿 彡 彡 彑 兖 兔 免 兔 兔<br>兔 兔 兔 逸 |
| | 逸居(편안할 일, 살 거) 별로 하는 일 없이 편안하게 지냄. | |

心動神疲
(심동신피)

【풀이】 마음이 움직이면 정신마저 피곤해져 몸과 마음이 편하지 못하게 된다.

| 心 | 마음 **심** (心부 0획) | `ノ 心 心 心` |
| | 心醉(마음 심, 취할 취) 어떤 일에 마음이 쏠리어 열중함. | |
| 動 | 움직일 **동** (力부 9획) | `ノ ー ┌ 台 台 台 重 重 重 動 動` |
| | 動産(움직일 동, 낳을 산) 가구·금전 따위처럼 이동할 수 있는 재산. | |
| 神 | 정신 **신** (示부 5획) | `ー ニ 千 千 示 示 和 和 神 神` |
| | 神童(정신 신, 아이 동) 재주와 지혜가 특출한 아이. | |
| 疲 | 피로할 **피** (疒부 5획) | `ヽ ー 广 广 疒 疒 疒 疒 疲 疲` |
| | 疲困(피로할 피, 괴로울 곤) 지쳐서 괴로움. | |

守眞志滿
(수진지만)

【풀이】 사람의 도리를 지키면 그 뜻
이 충만하여 만족스럽고 여
유가 있을 것이다.

| 守 | 지킬    수<br>(宀부 3획) | ` ´ ゜ ゛ 守 守 |
| | **性能**(성품 성, 능할 능) 성질과 능력. 기계<br>따위의 일을 해낼 수 있는 기능. | |
| 眞 | 참    진<br>(目부 5획) | ゛ ゛ ゛ 冇 冇 眉 眉 直 眞<br>眞 |
| | **眞僞**(참 진, 거짓 위) 참과 거짓. | |
| 志 | 뜻    지<br>(心부 3획) | 一 十 士 圡 志 志 志 |
| | **志向**(뜻 지, 향할 향) 뜻하여 향하는 곳. 작<br>정하거나 지정한 방향. | |
| 滿 | 찰    만<br>(氵부 11획) | ` ´ ゛ 氵 汁 汁 洲 洲 満<br>満 満 満 満 満 |
| | **滿期**(찰 만, 기약할 기) 정해 놓은 기한이<br>다 참. | |

## 逐物意移
### (축물의이)

【풀이】 재물을 탐내는 욕심이 지나치게 되면 마음도 변한다.

| 쫓을 **축**<br>(辶부 7획) | 一 厂 丁 丂 豕 豕 豕 逐 逐<br>逐 逐 |
|---|---|

逐出(쫓을 축, 날 출) 쫓아냄. 몰아냄.

| 만물 **물**<br>(牛부 4획) | ノ 亠 キ 牜 牜 物 物 物 |
|---|---|

貨物(재화 화, 만물 물) 물품. 비행기·차·배 따위로 실어 나르는 짐.

| 뜻 **의**<br>(心부 9획) | 丶 亠 亠 立 立 产 音 音 音<br>音 意 意 意 |
|---|---|

意味(뜻 의, 맛 미) 말이나 글이 가지고 있는 뜻.

| 옮길 **이**<br>(禾부 6획) | ノ 二 千 禾 禾 秄 移 移 移<br>移 移 |
|---|---|

移動(옮길 이, 움직일 동) 옮겨 움직임. 자리 변동을 함.

堅持雅操
(견지아조)

【풀이】굳은 마음과 맑은 절조를 굳게 지키면 자연히 세상에 알려지게 될 것이다.

| 堅 | 굳을 　견<br>(土부　8획) | ー Γ Γ Γ Γ Γ Γ Γ Γ Γ<br>臤 臤 堅 |
| | 堅固(굳을 견, 굳을 고) 굳고 단단함. | |
| 持 | 가질 　지<br>(扌부　6획) | 一 十 扌 扌 扩 扩 拮 持 持 |
| | 持病(가질 지, 병 병) 오랫동안 낫지 않고 앓고 있는 만성병. | |
| 雅 | 바를 　아<br>(隹부　4획) | 一 匚 牙 牙 牙 牙 牙 牙<br>雅 雅 雅 |
| | 優雅(넉넉할 우, 바를 아) 품위가 있고 아름다움. | |
| 操 | 지조 　조<br>(扌부　13획) | 一 十 扌 扌 扩 扩 扩 扩 扩<br>抨 抨 撐 撐 操 操 操 |
| | 操心(지조 조, 마음 심) 실수가 없도록 마음을 삼가서 경계함. | |

好爵自縻
(호작자미)

【풀이】 이처럼 절개를 지키고 살아 가노라면 높은 벼슬이 자연히 나에게 내려지게 된다.

| 好 | 좋을 호<br>(女부 3획) | ㄥ ㄣ 女 女 好 好 |
| | 同好(한가지 동, 좋을 호) 취미나 사물을 함께 좋아함. | |
| 爵 | 벼슬 작<br>(爫부 14획) | ´ ´ ´ ´ ´ ´ ´ ´ ´ ´ ´ ´ 爵 爵 |
| | 爵號(벼슬 작, 부르짖을 호) 작위의 칭호. | |
| 自 | 스스로 자<br>(自부 0획) | ´ ㇑ 冂 自 自 自 |
| | 自信(스스로 자, 믿을 신) 자기의 능력이나 가치를 확신함. | |
| 縻 | 얽을 미<br>(糸부 11획) | ` 一 广 广 广 广 广 广 广 廰 麻 麻 麼 麼 摩 摩 縻 |
| | 繫縻(맬 계, 얽을 미) 얽어맴. 잡아맴. | |

## 都邑華夏
### (도읍화하)

【풀이】도읍은 한 나라의 서울로 임금이 계신 곳이며, 화하는 중국을 칭한 것이다.

| 都 | 도읍 **도**<br>(阝부 9획) | 一 十 土 耂 者 者 者 者 都 都′ 都 都 |
|---|---|---|
| | 都心(도읍 도, 마음 심) 도시의 중심이 되는 곳. | |
| 邑 | 고을 **읍**<br>(邑부 0획) | 丶 口 口 尸 쿡 吊 吊 邑 |
| | 邑內(고을 읍, 안 내) 고을 안. 지방 관아에 있던 마을. | |
| 華 | 빛날 **화**<br>(艹부 8획) | 丶 十 卄 サ 芢 垚 莩 莩 華 華 |
| | 華麗(빛날 화, 고울 려) 빛나고 아름다움. | |
| 夏 | 여름 **하**<br>(夊부 7획) | 一 丆 丆 罕 严 百 百 頁 頁 夏 夏 |
| | 夏期(여름 하, 기약할 기) 여름 때. 여름철. | |

| | | |
|---|---|---|
| 東西二京<br>(동서이경) | **【풀이】** 동과 서에 두 서울이 있으니 동경은 낙양이고, 서경은 장안이다. | |

| 東 | 동녘 **동**<br>(木부 4획) | 一 ⼁ ⼌ ⼌ 甶 甶 東 東 |
|---|---|---|
| | 東洋(동녘 동, 바다 양) 서양에 대하여 동쪽의 아시아를 일컫는 말. | |
| 西 | 서녘 **서**<br>(西부 0획) | 一 ⼁ ⼌ 两 西 西 |
| | 西海(서녘 서, 바다 해) 서쪽의 바다. | |
| 二 | 두 **이**<br>(二부 0획) | 一 二 |
| | 二毛作(두 이, 털 모, 지을 작) 같은 경작지에서 두 번 곡물을 수확하는 토지의 이용법. | |
| 京 | 서울 **경**<br>(亠부 6획) | 丶 一 亠 亠 宁 宁 亨 京 京 |
| | 在京(있을 재, 서울 경) 서울에 머물러 있음. | |

背邙面洛
(배망면락)

【풀이】 동경인 낙양은 북망산을 뒤에 두고, 황하의 지류인 낙수를 앞에 두고 있다.

| | |
|---|---|
| 등질 **배** (月부 5획) | ` ´ ┤ ┤ ╽ ╽ 背 背 背 |
| 背反(등질 배, 되돌릴 반) 믿음과 의리를 저버리고 돌아섬. | |
| 터 **망** (阝부 3획) | ` ⁻ ⼟ ⼟ 邙 邙 |
| 北邙山(북녘 북, 터 망, 메 산) 흔히 사람이 죽어서 간다는 곳. | |
| 낯 **면** (面부 0획) | ⼀ ┐ ┌ 丆 而 而 面 面 面 |
| 面談(낯 면, 말씀 담) 만나서 이야기함. | |
| 낙수 **락** (氵부 6획) | ` ⁝ ⼽ 沙 浓 浓 洛 洛 |
| 洛水(낙수 락, 물 수) 강의 이름임. | |

# 浮渭據涇
## (부위거경)

【풀이】 서경인 장안은 위수(渭水)가에 떠 있는데 경수(涇水)를 의지하고 있다.

| 浮 | 뜰 **부**<br>(氵부 7획) | `丶丶冫氵氵氵浮浮浮`<br>浮 |
|---|---|---|
| | 浮浪(뜰 부, 물결 랑) 일정한 주소나 직업이 없이 이리저리 떠돌아다님. | |
| 渭 | 위수 **위**<br>(氵부 9획) | `丶丶冫氵氵渭渭渭渭`<br>渭渭渭 |
| | 涇渭(통할 경, 위수 위) 사리에 옳고 그름이나 이러하고 저러함의 분간. | |
| 據 | 의지할 **거**<br>(扌부 13획) | `一扌扌扌扌扩扩扩扩`<br>扩扩捄据據據據 |
| | 根據(뿌리 근, 의지할 거) 사물의 토대. 의견이나 이론 등의 출처. | |
| 涇 | 경수 **경**<br>(氵부 7획) | `丶丶冫氵氵涇涇涇涇`<br>涇 |
| | 涇庭(경수 경, 뜰 정) 아주 심한 차이. 집안의 뜰과 문 밖의 길과는 관계가 멀리 떨어졌다는 데서 온 말. | |

宮殿盤鬱
(궁전반울)

【풀이】반울은 뱀이 빙 둘러 겹겹이 늘어선 모양을 나타낸다. 즉 동경과 서경에 선 궁전들의 웅장한 위용을 말하는 것이다.

| 집 궁 (宀부 7획) | 宮 |
|---|---|
| 宮闕(집 궁, 대궐 궐) 임금이 거처하는 집. 궁성. | |
| 대궐 전 (殳부 9획) | 殿 |
| 神殿(귀신 신, 대궐 전) 신령을 모신 전각. | |
| 서릴 반 (皿부 10획) | 盤 |
| 地盤(땅 지, 서릴 반) 땅의 바닥. 일을 하는 데 기초나 근거가 되는 바탕. | |
| 울창할 울 (鬯부 19획) | 鬱 |
| 鬱鬱蒼蒼(울창할 울, 울창할 울, 푸를 창, 푸를 창) 수목이 울창한 모양. | |

樓觀飛驚
(루관비경)

【풀이】 궁전의 다락과 망루는 높아서 올라가면 하늘을 나는 듯하여 놀라게 된다.

| 樓 | 다락　　루<br>(木部 11획) | 一 十 十 十 木 朳 朳 朳 朳<br>朳 桾 棲 棲 樓 樓 |
|---|---|---|
| | 望樓(바랄 망, 다락 루) 적의 동정을 망보는 다락집. | |
| 觀 | 볼　　관<br>(見部 18획) | 艹 艹 艹 艹 芇 芦 芦 芦 藋<br>藋 藋 藋 雚 雚 雚 觀 觀 觀 |
| | 觀望(볼 관, 바랄 망) 멀리 바라봄. 형세를 바라봄. 전망 또는 외모. | |
| 飛 | 날　　비<br>(飛部 0획) | 乁 乁 乁 乁 飞 飛 飛 飛 飛 |
| | 飛翔(날 비, 날 상) 하늘을 날아다님. | |
| 驚 | 놀랄　　경<br>(馬部 13획) | 艹 艹 茍 茍 茍 茍 敬 敬<br>敬 敬 敬 驚 驚 驚 驚 驚 驚 |
| | 驚歎(놀랄 경, 읊을 탄) 놀라 탄식함. 매우 감탄함. | |

圖寫禽獸
(도사금수)

【풀이】궁전 안에는 새나 짐승을 그
려 넣은 그림들이 벽을 장식
하고 있다.

| 그림　　도<br>(囗부 11획) | ㅣ ㄇ ㄇ ㄇ ㄇ ㄇ ㆍ 몸 몸 몸<br>몸 몸 몸 圖 圖 |
| --- | --- |

圖面(그림 도, 낯 면) 설계 따위의 내용을
제도기로써 그린 그림.

| 베낄　　사<br>(宀부 12획) | ㆍ ㆍ 宀 宀 宀 宀 宁 宇 宫<br>宇 寫 寫 寫 寫 寫 |
| --- | --- |

寫生(베낄 사, 날 생) 자연 풍물 등을 보고
그대로 그림.

| 새　　금<br>(内부 8획) | ノ 人 人 人 今 今 今 슴 禽 禽<br>禽 禽 禽 |
| --- | --- |

禽鳥(새 금, 새 조) 날짐승. 새.

| 짐승　　수<br>(犬부 15획) | ㆍ ㆍ ㅛ ㅛ ㅛ ㅛ ㅛ 嘼 嘼<br>嘼 嘼 嘼 嘼 獸 獸 獸 |
| --- | --- |

獸心(짐승 수, 마음 심) 짐승같이 사납고 모
진 마음.

# 畫彩仙靈 (화채선령)

【풀이】 신선이나 신령을 그린 그림도 화려하게 채색되어 있다.

| | | |
|---|---|---|
| 畫 | 그림 **화**<br>(田부 7획) |  |
| | 畫廊(그림 화, 복도 랑) 그림 등 미술품을 진열하여 전시하는 곳. | |
| 彩 | 채색 **채**<br>(彡부 8획) | 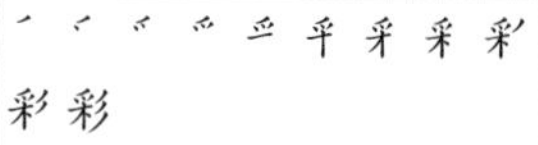 |
| | 采緞(채색 채, 비단 단) 빛깔이 있는 비단. | |
| 仙 | 신선 **선**<br>(亻부 3획) | 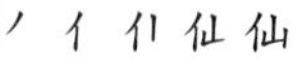 |
| | 仙境(신선 선, 지경 경) 신선이 사는 곳. 속세를 떠난 청정한 곳. | |
| 靈 | 신령 **령**<br>(雨부 16획) |  |
| | 靈感(신령 영, 느낌 감) 신의 계시를 받은 것 같은 느낌. | |

【풀이】궁전에는 갑사, 을사, 병사 등 별채를 두었는데, 병사 곁에 따로이 방을 두어 궁전 출입자의 편리를 도모 하였다.

丙舍傍啓
(병사방계)

| | | |
|---|---|---|
| 丙 | 천간 **병**<br>(一부 4획) | 一 厂 厂 丙 丙 |
| | 丙坐(천간 병, 앉을 좌) 묏자리나 집터 따위가 남쪽을 등진 좌향. | |
| 舍 | 집 **사**<br>(舌부 2획) | 丿 人 ㅅ 亽 仐 全 全 舍 舍 |
| | 舍監(집 사, 볼 감) 기숙사 등의 사생을 감독하는 사람. | |
| 傍 | 곁 **방**<br>(亻부 10획) | 丿 亻 亻 亻 俨 俨 俨 傍<br>傍 傍 傍 |
| | 傍聽(곁 방, 들을 청) 회의 등을 옆에서 들음. | |
| 啓 | 열 **계**<br>(口부 8획) | 丶 亠 ㅋ 尸 户 户 户 改 改<br>啓 啓 |
| | 啓蒙(열 계, 입을 몽) 우매한 사람을 가르치고 깨우쳐 줌. | |

甲帳對楹
(갑장대영)

【풀이】 신을 섬기는 사당에 친 갑장이란 휘장이 크고 둥근 기둥에 맞서 늘어져 있다.

| | | |
|---|---|---|
| 甲 | 천간 **갑**<br>(田부 0획) | ㅣ ㄇ ㅃ 日 甲 |
| | 甲板(천간 갑, 널빤지 판) 큰 배 위에 나무나 철판으로 깐 넓고 평평한 큰 바닥. | |
| 帳 | 휘장 **장**<br>(巾부 8획) | ㅣ ㄇ 巾 帆 帆 帳 帳 帳<br>帳 帳 |
| | 記帳(기록할 기, 휘장 장) 장부에 적어 놓음. | |
| 對 | 대할 **대**<br>(寸부 11획) | ㅣ ㅣ ㅣ ㅫ ㅛ ㅛ ㅛ ㅛ ㅛ ㅛ<br>ㅛ ㅛ 對 對 對 |
| | 對抗(대할 대, 막을 항) 서로 맞서서 겨룸. | |
| 楹 | 기둥 **영**<br>(木부 9획) | 一 十 才 才 才 杧 杓 杓 杓<br>栖 楹 楹 楹 楹 |
| | 楹棟(기둥 영, 용마루 동) 기둥과 마룻대. 가장 중요한 인물. | |

肆筵設席
(사연설석)

**【풀이】** 땅바닥에 까는 것을 연, 그 위에 까는 것을 석이라 하니, 임금이 궁전에서 신하를 불러 돗자리를 깔고 잔치를 베푸는 모습이다.

| | 베풀 **사** | ㅣ ㄷ ㄷ ㅌ ㅌ ㅌ ㅌ ㅌ ㅌ ㅌ ㅌ |
|---|---|---|
| 肆 | (聿부 7획) | 肆 肆 肆 肆 |
| | **肆氣**(베풀 사, 기운 기) 함부로 성미를 부림. | |
| 筵 | 자리 **연** (竹부 7획) | ノ ト 大 竹 竹 竹 竹 竹 竹 筵 筵 筵 筵 |
| | **經筵**(경서 경, 자리 연) 임금 앞에서 경서를 강의하던 자리. | |
| 設 | 베풀 **설** (言부 4획) | ` 丶 ᅳ ᅳ 言 言 言 言 訪 設 設 |
| | **設問**(베풀 설, 물을 문) 문제를 내어 물어봄. | |
| 席 | 자리 **석** (巾부 7획) | ` 一 广 广 广 广 庐 庐 席 席 |
| | **席卷**(자리 석, 책 권) 자리를 말듯이 손쉽게 모조리 차지하는 일. | |

鼓瑟吹笙
(고슬취생)

【풀이】비파를 뜯고 북을 치며 저를
부니 잔치하는 풍류이다.

| 鼓 | 북　　고<br>(鼓부　0획) | `一十士吉吉吉吉吉喜`<br>`壴鼓鼓鼓` |
|---|---|---|
| | 鼓喊(북 고, 소리 함) 북을 치며 일제히 소리를 지름. | |
| 瑟 | 비파　슬<br>(玉부　9획) | `一丁王王王玨玨珡珡`<br>`珡瑟瑟瑟` |
| | 琴瑟(거문고 고, 비파 슬) 거문고와 비파. 부부가 화합함을 비유하여 일컫는 말. | |
| 吹 | 불　　취<br>(口부　4획) | `丨口口口`吹吹吹` |
| | 吹雪(불 취, 눈 설) 눈보라. | |
| 笙 | 저　　생<br>(竹부　5획) | `ノ𠂉𠂉竹竹竹竹竹竿`<br>`笙笙` |
| | 笙鼓(저 생, 북 고) 생황과 북. | |

陞階納陛
(승계납폐)

【풀이】 문무백관이 계단을 올라 임
금께 납폐하는 절차이다.

| 陞 | 오를　　　승<br>(阝부　7획) | `'` `ｊ` `阝` `阝'` `阝'` `陞` `陞` `陞`<br>陞 |
|---|---|---|
| | **昇進**(오를 승, 나아갈 진) 지위가 오름. | |
| 階 | 계단　　　계<br>(阝부　9획) | `'` `ｊ` `阝` `阝`` `阝'` `阝'` `陛` `階`<br>階 階 階 |
| | **階層**(계단 계, 층 층) 층계. 사회를 형성하<br>는 여러 층. | |
| 納 | 바칠　　　납<br>(糸부　4획) | `'` `ｊ` `ｊ` `糸` `糸` `糸` `糸` `約` `約` `納`<br>納 |
| | **出納**(날 출, 바칠 납) 내어 줌과 받아들임.<br>금전 또는 물품의 수입과 지출. | |
| 陛 | 섬돌　　　폐<br>(阝부　7획) | `'` `ｊ` `阝` `阝`` `阝'` `阝'` `陛` `陛` `陛`<br>陛 |
| | **陛下**(섬돌 폐, 아래 하) 섬돌 밑이라는 뜻으<br>로, 천자의 높임말. | |

弁轉疑星
(변전의성)

【풀이】입궐하는 대신들의 관에서
번쩍이는 보석이 찬란하여
별인가 의심할 정도다.

| 弁 | 고깔 **변**<br>(廾부 2획) | 丶 厶 スー 牟 弁 |
|---|---|---|
| | 弁言(고깔 변, 말씀 언) 책머리에 쓰는 말. 머리말. | |
| 轉 | 구를 **전**<br>(車부 11획) | 一 厂 厂 厅 自 直 車 車 車<br>車 車 車 轉 轉 轉 轉 轉 轉 |
| | 逆轉(거스를 역, 구를 전) 형세가 뒤집혀짐. 거꾸로 회전함. | |
| 疑 | 의심할 **의**<br>(疋부 9획) | 丶 匕 ヒ ケ ゲ 矣 矣 矣 矣<br>疑 疑 疑 疑 疑 | 
| | 疑懼(의심할 의, 두려워할 구) 의심하고 두려워함. | |
| 星 | 별 **성**<br>(日부 5획) | 丶 ┌ ┌ 日 尸 日 早 星 星 |
| | 占星術(차지할 점, 별 성, 꾀 술) 별의 운행으로 길흉을 점치는 술법. | |

右通廣内
(우통광내)

【풀이】 궁전의 오른편은 광내로 통하니 광내는 도서를 취급하는 국립 도서관이다.

| 右 | 오른 **우**<br>(口부 2획) | 一ナオ右右 |
|---|---|---|
| | 右翼(오른 우, 날개 익) 새의 오른쪽 날개. 보수파·국수주의파 등의 정당단체. | |
| 通 | 통할 **통**<br>(辶부 7획) | マ 予 予 序 甬 甬 通 通 通 通 |
| | 通用(통할 통, 쓸 용) 일반에 널리 쓰임. 서로 넘나들어 쓰임. | |
| 廣 | 넓을 **광**<br>(广부 12획) | 丶一广广广广广产产<br>庐庐庐庐廣 |
| | 廣闊(넓을 광, 트일 활) 막힌 데 없이 넓음. | |
| 内 | 안 **내**<br>(入부 2획) | 1 冂内内 |
| | 内亂(안 내, 어지러울 란) 나라 안에서 일어난 반란이나 소동. | |

左達承明
(좌달승명)

【풀이】왼편은 승명에 이르니 승명은 대신들의 휴게실과 신하들의 숙직실을 겸하던 곳이다.

| | |
|---|---|
| 왼 **좌**<br>(工부 2획) | 一ナ左左左 |
| 左遷(왼 좌, 옮길 천) 낮은 지위로 떨어짐.<br>중앙에서 지방으로 전근됨. | |
| 도달할 **달**<br>(辶부 9획) | 一十土圭幸幸幸幸幸<br>幸幸達達 |
| 到達(이끌 도, 도달할 달) 정한 곳에 다다름. 목적한 데에 미침. | |
| 이을 **승**<br>(手부 4획) | 了了了了手手承承 |
| 傳承(전할 전, 이을 승) 계통을 이어받아 계승함. | |
| 밝을 **명**<br>(日부 4획) | 丨冂冂日日明明明明 |
| 明確(밝을 명, 굳을 확) 명백하고 확실함.<br>뚜렷함. | |

旣集墳典
(기집분전)

**【풀이】** 이미 분과 전을 모았으니 분전이란 삼분오전으로, 중국의 성군들인 삼황오제(三皇五帝)의 경전을 일컫는다.

| 旣 | 이미 **기** (无부 7획) | ´ ⌒ ⌒ ⌒ 白 皀 皀 皀 旡 旣 旣 |
| | 旣往(이미 기, 갈 왕) 이미 지나간 일. | |
| 集 | 모을 **집** (隹부 4획) | ´ ⌒ ⌒ ⌒ ⌒ ⌒ 隹 隹 隹 隼 集 集 |
| | 集計(모을 집, 셈할 계) 이미 된 계산들을 한데 모아서 계산함. | |
| 墳 | 봉분 **분** (土부 12획) | 一 十 土 ⌒ ⌒ ⌒ ⌒ ⌒ ⌒ 墳 墳 墳 墳 墳 墳 |
| | 古墳(옛 고, 봉분 분) 고대의 무덤, 옛 무덤. | |
| 典 | 법 **전** (八부 6획) | ⌒ 冂 冂 由 曲 曲 典 典 |
| | 典型(법 전, 거푸집 형) 같은 특징을 잘 나타내고 있는 형(型). | |

亦聚群英
(역취군영)

【풀이】 또한 여러 영웅을 모으니 분전을 강론하여 치국하는 도를 밝히었다.

| | | |
|---|---|---|
| 亦 | 또 **역**<br>(亠부 4획) | `丶 ㆍ一 ㆍ亠 亣 亣 亦` |
| | 亦是(또 역, 옳을 시) 또한. 마찬가지로. | |
| 聚 | 모을 **취**<br>(耳부 8획) | `一 丆 斤 耳 耳 耵 取 取`<br>`聚 聚 聚 聚 聚` |
| | 聚集(모을 취, 모을 집) 모아들임. | |
| 群 | 무리 **군**<br>(羊부 7획) | `一 ㄱ ㅋ 尹 尹 君 君 君 君ʼ`<br>`君ʼ 君ʼ 君ʼ 群` |
| | 拔群(뺄 발, 무리 군) 여럿 가운데 특별히 뛰어남. | |
| 英 | 영웅 **영**<br>(艹부 5획) | `丶 十 ㄾ 芁 芁 苎 苎 英 英` |
| | 英雄(영웅 영, 수컷 웅) 재치와 담력과 무용이 특별히 뛰어난 인물. | |

杜槀鍾隷
(두고종례)

【풀이】 후한의 두백도는 초서에, 위
나라의 종요는 예서에 뛰어
난 명필이었다.

| 杜 | 막을 두<br>(木부 3획) | 一 十 才 才 木 杜 杜 |
|---|---|---|
| | 杜絶(막을 두, 끊을 절) 막히고 끊어짐. 교통·통신 등이 끊어져 막힘. | |
| 槀 | 마를 고<br>(木부 10획) | 一 一 一 亠 古 古 卢 高 高 高<br>高 亭 亭 亭 槀 |
| | 席槀待罪(자리 석, 마를 고, 기다릴 대, 허물 죄) 죄과에 대한 처벌을 기다림. | |
| 鍾 | 쇠북 종<br>(金부 9획) | ノ ノ 亇 仁 午 牟 金 金 金<br>釒 釕 鈩 鈤 鈤 鉅 鍾 鍾 鍾 |
| | 鐘閣(쇠북 종, 문설주 각) 큰 종을 매달아 놓은 누각. | |
| 隷 | 예서 례(예)<br>(隶부 8획) | 一 十 土 圭 圭 圭 圭 圭 圭<br>耡 耡 耡 耡 耡 隷 隷 |
| | 隷書(예서 예, 글씨 서) 한자의 팔서체의 한 가지. | |

漆書壁經
(칠서벽경)

【풀이】 옛날에는 대나무에 옻으로 글씨를 썼는데 공자의 집에서 발견한 「논어」와 「효경」도 이것으로 쓴 것이었다.

| | | |
|---|---|---|
| 漆 | 옻 **칠** (氵부 11획) | `丶丶氵氵汴汴汰汰洣` `洣洣漆漆漆` |
| | 漆黑(옻 칠, 검을 흑) 옻처럼 검고 광택이 있음. | |
| 書 | 글씨 **서** (日부 6획) | `フフ⋺⋺⋺書書書書` `書` |
| | 書頭(글씨 서, 머리 두) 글의 첫머리. 책의 위쪽의 여백. | |
| 壁 | 벽 **벽** (土부 13획) | `フフア尸尸吊吊吊吊` `厚厚厚壁壁壁壁` |
| | 氷壁(얼음 빙, 벽 벽) 빙산의 벽. 얼음이나 눈에 덮인 낭떠러지. | |
| 經 | 경서 **경** (糸부 7획) | `ㄴㄴㄠㄠ幺糸紅紅經` `經經綖經` |
| | 經典(경서 경, 법 전) 경서(經書). 불경(佛經). | |

# 府羅將相
## (부라장상)

**【풀이】** 장수와 정승이 부에 늘어서 임금을 알현한다. 부(府)는 관천 사무를 처리하는 곳이다.

| | 마을 **부**<br>(广부 5획) | 丶 一 广 广 广 庐 府 府 |
|---|---|---|
| 府 | 官府(벼슬 관, 마을 부) 조정(朝廷). 정부. 마을. 관아. | |
| 羅 | 벌릴 **라**<br>(罒부 14획) | 丨 冂 冂 冂 罒 罒 罗 罗 罗 罗 羅 羅 羅 羅 |
| | 網羅(그물 망, 벌릴 라) 어떤 대상을 넓은 범위에 걸쳐 포함하는 것. | |
| 將 | 장수 **장**<br>(寸부 8획) | 丨 丬 丬 护 护 护 护 护 將 將 |
| | 主將(주인 주, 장수 장) 운동 경기의 팀을 통솔하는 선수. | |
| 相 | 서로 **상**<br>(目부 4획) | 一 十 オ 木 木 机 机 相 相 相 |
| | 相異(서로 상, 다를 이) 서로 다름. | |

## 路俠槐卿
### (로협괴경)

【풀이】길에 고관인 삼공 구경이 마차를 타고 궁전으로 들어가는 모습이다. 옛날 주나라에서는 홰나무를 심어 삼공(三公)의 좌석을 표시하였다.

| | | |
|---|---|---|
| 길 **로**<br>(足부 6획) | ` ` ` ` ` 口 口 尸 尸 足 足 距<br>距 距 路 路 | |
| 街路(거리 가, 길 로) 시가지의 도로. | | |
| 낄 **협**<br>(亻부 7획) | ノ 亻 亻 亻 亻 亻 伩 伩 俠 俠 | |
| 俠客(낄 협, 손 객) 의협심이 많은 남자. | | |
| 홰나무 **괴**<br>(木부 10획) | 一 十 十 才 木 木 术 柯 柯 柯<br>柙 柳 槐 槐 槐 | |
| 槐實(홰나무 괴, 열매 실) 홰나무의 열매.<br>살충제로 쓰임. | | |
| 벼슬 **경**<br>(卩부 10획) | ` ` ` ` ` 乡 卯 卯 卯 卵 卵<br>卵 卵 卿 | |
| 卿士大夫(벼슬 경, 선비 사, 큰 대, 아비<br>부) 정승 이외의 벼슬아치의 총칭. | | |

戶封八縣
(호봉팔현)

【풀이】한나라가 천하를 통일하고 8
현의 호(곧 민가)를 설치하여
공신을 봉하였다.

| 집  호<br>(戶부  0획) | ` ㄱ ㅋ 戶 |
|---|---|

戶口(집 호, 입 구) 집과 사람의 수효.

| 봉할  봉<br>(寸부  6획) | 一 十 土 圭 圭 圭 圭 封 封 |
|---|---|

封印(봉할 봉, 도장 인) 봉한 자리에 인장을
찍음.

| 여덟  팔<br>(八부  0획) | 丿 八 |
|---|---|

八方(여덟 팔, 모 방) 모든 방면. 이곳저곳.

| 고을  현<br>(糸부  10획) | 丨 冂 冃 冃 且 且 睅 睅 睅<br>睅 睅 睅 睅 縣 縣 縣 縣 |
|---|---|

縣令(고을 현, 명령할 령) 종오품(從五品)직
의 현의 우두머리.

家給千兵
(가급천병)

【풀이】또한 공신에게는 일천 군사를 주어 그 집을 호위시켰다.

| | | |
|---|---|---|
| 집 **가**<br>(宀부 7획) | `丶 丶 宀 宀 宀 宇 宇 家 家`<br>家 | |
| 家庭(집 가, 뜰 정) 한 가족을 단위로 하여 살림하고 있는 집안. | | |
| 줄 **급**<br>(糸부 6획) | `幺 幺 幺 幺 糸 糸 糸 糾 紒 紒`<br>紒 給 給 | |
| 給食(줄 급, 밥 식) 음식을 공급함. 식사를 제공함. | | |
| 일천 **천**<br>(十부 1획) | `丿 二 千` | |
| 千里眼(일천 천, 마을 리, 눈 안) 먼 곳에서 일어난 일을 느끼어 아는 능력. | | |
| 군사 **병**<br>(八부 5획) | `丿 丆 斤 斤 斤 丘 乒 兵` | |
| 兵役(군사 병, 부릴 역) 군적에 편입되어 군무에 종사하는 일. | | |

【풀이】 높은 관을 쓰고 연을 모시는
모습으로 임금 행차의 위의
를 말한다. 연(輦)은 임금이
타는 수레를 일컫는다.

# 高冠陪輦
## (고관배련)

| 高 | 높을　　고<br>(高부　0획) | ` 一 ナ 六 古 亨 宮 高 高<br>高 |
|---|---|---|
| | 高尚(높은 고, 오히려 상) 품위가 있고 격이 높음. | |
| 冠 | 갓　　　관<br>(冖부　7획) | ` 冖 冖 冖 冖 宄 兂 冠 冠<br> |
| | 冠帶(갓 관, 띠 대) 관을 쓰고 띠를 두르는 신분. 관리. | |
| 陪 | 모실　　배<br>(阝부　8획) | ` 阝 阝 阝 阝 阧 陪 陪 陪<br>陪 陪 |
| | 陪行(모실 배, 행할 행) 윗사람을 모시고 따라감. | |
| 輦 | 연　　련(연)<br>(車부　8획) | ` 二 夫 夫 扶 扶 扶 扶<br>輦 輦 輦 輦 輦 輦 |
| | 輦輿(연 연, 수레 여) 임금이 타는 수레. | |

| 驅轂振纓<br>(구곡진영) | 【풀이】임금이 타신 연이 달리면 바퀴 소리 또한 요란하고, 대신들의 갓끈 마저 흔들리니 그 위의가 하늘을 찌른다. |
|---|---|

| 驅 | 말몰 **구**<br>(馬부 11획) | `丨 厂 F F F 馬 馬 馬 馬`<br>`馬 馬 馬 馬 馬 馬 馬 馬 驅 驅` |
|---|---|---|
| | **驅蟲**(말몰 구, 벌레 충) 기생충을 없앰. | |

| 轂 | 바퀴 **곡**<br>(車부 10획) | `一 十 士 吉 吉 吉 吉 吉`<br>`吉 吉 壹 軎 軎 轂 轂 轂` |
|---|---|---|

| 振 | 움직일 **진**<br>(扌부 7획) | `一 扌 扌 扩 扩 扩 拆 拆`<br>`振` |
|---|---|---|
| | **不振**(아닐 부, 움직일 진) 일이 잘되어 나가지 않음. | |

| 纓 | 끈 **영**<br>(糸부 17획) | `ㄥ ㄠ ㄠ 纟 纟 糸 糸 糽 糽`<br>`紓 紓 糿 纓 纓 纓 纓 纓 纓` |
|---|---|---|
| | **纓紳**(끈 영, 큰띠 신) 갓끈과 큰 띠. 높은 벼슬아치. | |

世祿侈富
(세록치부)

【풀이】 공신들의 자손이 대대로 풍부하게 살 수 있도록 세록을 내려 예우 하였다.

| 世 | 인간 **세**<br>(一부 4획) | 一 十 廿 世 世 |
|---|---|---|

**後世**(뒤 후, 인간 세) 다음에 오는 세상. 다음 세계의 사람들.

| 祿 | 녹봉 **록**<br>(示부 8획) | 一 二 千 示 示 示 祀 祀<br>祿 祿 祿 祿 |
|---|---|---|

**官祿**(벼슬 관, 녹봉 록) 관원에게 주는 봉급.

| 侈 | 풍부할 **치**<br>(亻부 6획) | 丿 亻 亻 亻 侈 侈 侈 侈 |
|---|---|---|

**奢侈**(사치할 사, 풍부할 치) 의복·음식·거처 등을 지나치게 치례함.

| 富 | 부자 **부**<br>(宀부 9획) | 丶 丷 宀 宀 宂 宣 富 富 富<br>富 富 富 |
|---|---|---|

**富强**(부자 부, 굳셀 강) 나라의 재정이 부유하고 군사력이 강함.

## 車駕肥輕
### (거가비경)

【풀이】 수레를 끄는 말은 살찌고 튼튼해져 아무리 무거운 수레도 끌수 있었다. 거가란 공신들이 타는 수레이다.

| | | |
|---|---|---|
| 車 | 수레 **거**<br>(車부 0획) | 一 一 一 一 一 百 車 車 |
| | 車馬(수레 거, 말 마) 수레와 말. 수레에 맨 말. | |
| 駕 | 멍에 **가**<br>(馬부 5획) | 丁 加 加 加 加 加 架 架 架<br>架 駕 駕 駕 駕 駕 |
| | 御駕(어거할 어, 멍에 가) 임금이 타는 수레. | |
| 肥 | 살찔 **비**<br>(月부 4획) | 丿 刀 月 月 月 肥 肥 肥 |
| | 肥料(살찔 비, 되질할 료) 식물의 성장을 촉진하는 영양 물질. | |
| 輕 | 가벼울 **경**<br>(車부 7획) | 一 一 一 一 一 百 車 車 車<br>輕 輕 輕 輕 輕 |
| | 輕率(가벼울 경, 거느릴 솔) 언행이 신중하지 못하고 가벼움. | |

策功茂實
(책공무실)

**【풀이】** 공신에게는 부귀영화를 내리니 다른 신하들도 이를 본받아 공을 많이 세웠다.

| | | |
|---|---|---|
| 策 | 꾀할 **책**<br>(竹부 6획) | ' ' ' ' ' ' ' ' ' '<br>笁 笁 策 |
| | 妙策(묘할 묘, 꾀 책) 매우 교묘한 꾀. | |
| 功 | 공 **공**<br>(力부 3획) | ' ' ' ' 功功 |
| | 功臣(공 공, 신하 신) 나라에 공로가 있는 신하. | |
| 茂 | 무성할 **무**<br>(艹부 5획) | ' ' ' ' ' ' ' ' ' 茂茂 |
| | 茂盛(무성할 무, 성할 성) 초목이 잘 자라 우거짐. | |
| 實 | 열매 **실**<br>(宀부 11획) | ' ' ' ' ' ' ' ' '<br>宲 宲 宲 實 實 |
| | 結實(맺을 결, 열매 실) 열매를 맺음. 일의 결과가 나타남. | |

# 勒碑刻銘
## (륵비각명)

【풀이】 공신이 죽으면 비석에 그 공적을 새겨 후세에 전하게 하였다.

| 勒 | 굴레 **륵(늑)** (力부 9획) | 一 十 ㅐ ㅐ ㅐ 荁 苩 苩 革 勒 勒 |
|---|---|---|
| | 勒買(굴레 늑, 살 매) 수레와 말. 수레에 맨 말. | |
| 碑 | 비석 **비** (石부 8획) | 一 ㄱ ㄤ ㄤ 石 石' 矿 矿 矿 碑 碑 碑 碑 碑 |
| | 碑閣(비석 비, 문설주 각) 비를 세워 놓은 집. | |
| 刻 | 새길 **각** (刂부 6획) | ` 二 亠 䒑 亥 亥 亥 刻 刻 |
| | 刻苦(새길 각, 쓸 고) 고생을 이겨내려고 무척 애씀. 비상히 노력을 함. | |
| 銘 | 새길 **명** (金부 6획) | ノ 𠂆 𠂇 𠂊 牟 牟 金 金 釒 釘 釘 釣 銘 銘 |
| | 座右銘(자리 좌, 오른쪽 우, 새길 명) 늘 반성하는 재료로 삼는 격언. | |

磻溪伊尹
(반계이윤)

【풀이】주나라 문왕은 반계에서 강
태공을 맞고, 은나라 탕왕은
신야에서 이윤을 맞았다.

| | 돌　　　반<br>(石부 12획) | 一ｱ｢不石石石石矿<br>矿矿矿矿磻磻磻磻 |
|磻| | |
|溪| 시내　　계<br>(氵부 10획) | 丶丶氵氵沪沪沪沪淫<br>溪溪溪溪 |
| | 碧溪(푸를 벽, 시내 계) 매우 푸르게 보이는<br>　　맑은 시내. | |
|伊| 저　　　이<br>(亻부 4획) | ノイイ伊伊伊 |
| | 伊時(저 이, 때 시) 그 때. | |
|尹| 다스릴　윤<br>(尸부 1획) | コヨヨ尹 |
| | 尹司(다스릴 윤, 맡을 사) 관리. 벼슬아치. | |

# 佐時阿衡
## (좌시아형)

【풀이】 은나라의 재상 이윤이 한나라의 폭군 걸왕을 내몰고 국태민안을 가져오니 탕왕이 그를 아형이라 하였다.

| | | |
|---|---|---|
| 佐 | 도울 **좌**<br>(亻부 5획) | ノ イ 亻 亻 仕 佐 佐 |
| | 補佐(기울 보, 도울 좌) 상관을 도움. | |
| 時 | 때 **시**<br>(日부 6획) | 丨 冂 冃 日 日` 日+ 旷 旷 時 時 |
| | 時急(때 시, 급할 급) 때가 절박하여 몹시 급함. | |
| 阿 | 언덕 **아**<br>(阝부 5획) | ` ` 阝 阝- 阿 阿 阿 阿 |
| | 阿丘(언덕 아, 언덕 구) 한 쪽이 높은 언덕. | |
| 衡 | 저울 **형**<br>(行부 10획) | ノ ク 彳 彳 彳 彳 谷 谷 衡 衡 衡 衡 衡 衡 衡 |
| | 均衡(고를 균, 저울 형) 어느 한쪽으로 치우침이 없이 반듯하고 고름. | |

奄宅曲阜
(엄택곡부)

【풀이】주나라의 성왕이 자신을 오랫동안 보필해준 주공에게 보답하고자 곡부에 큰 집을 지어 주었다.

| 오랠　　엄<br>(大부　5획) | 一 ナ 大 太 右 存 杏 奄 奄 |

奄留(오랠 엄, 머무를 류) 오래 머묾.

| 집　　　택<br>(宀부　3획) | ` 、 宀 宀 宅 宅 |

宅配(집 택, 짝 배) 서류 따위를 각 호별로 배달함.

| 굽을　　곡<br>(日부　2획) | ㅣ 冂 冂 曲 曲 曲 |

曲解(굽을 곡, 풀 해) 사실과 어긋나게 잘못 이해함.

| 언덕　　부<br>(阜부　0획) | ′ ſ ŕ ŕ 白 卓 皇 阜 |

阜陵(언덕 부, 큰언덕 릉) 높고 큰 언덕.

微旦孰營
(미단숙영)

【풀이】단은 주공의 이름으로, 그가 아니었다면 누가 곡부의 그 큰 집을 잘 경영할 수 있었겠는가.

| | 작을 **미** (彳부 10획) | ′ ′ ′ ′ ′ ′ ′ ′ ′ 微 微 微 微 微 |
|微| 微細(작을 미, 가늘 세) 분간하기 어려울 만큼 매우 작음. | |

아침 **단** (日부 1획) ㅣ ㄇ ㅁ 日 旦

旦 早旦(새벽 조, 아침 단) 이른 아침.

누구 **숙** (子부 8획) ′ ′ ′ ′ ′ ′ ′ ′ 享 孰 孰 孰

孰 孰誰(누구 숙, 누구 수) 누구. 어떤 사람.

경영할 **영** (火부 13획) ′ ′ ′ ′ ′ ′ ′ ′ ′ 芲 芲 芲 营 营 营 營 營

營 自營(스스로 자, 경영할 영) 스스로 사업을 경영함.

桓公匡合
(환공광합)

【풀이】 제나라 환공은 작은 나라의 왕들을 뭉치게 하여 초나라를 물리치고 천하를 바로잡았다.

| 桓 | 굳셀 **환**<br>(木부 6획) | 一 十 才 ォ 枦 栌 栖 桓 桓 |
|---|---|---|
| | 桓桓(굳셀 환, 굳셀 환) 굳세고 씩씩한 모양. | |
| 公 | 벼슬이름 **공**<br>(八부 2획) | ノ 八 公 公 |
| | 公用(벼슬이름 공, 쓸 용) 공적으로 사용함. | |
| 匡 | 바를 **광**<br>(匚부 4획) | 一 一 丆 丮 王 匡 |
| | 匡正(바를 광, 바를 정) 바르게 고침. | |
| 合 | 모을 **합**<br>(口부 3획) | ノ 人 스 스 合 合 |
| | 合同(모을 합, 한가지 동) 둘 이상의 것이 하나가 됨. | |

濟弱扶傾
(제약부경)

【풀이】 또한 환공은 약하고 기울어져
가는 나라를 구제해 주었다.

| 건질 **제**<br>(氵부 14획) | 丶 丶 氵 氵 氵 浐 浐 浐 浐<br>浐 浐 浐 浐 浐 濟 濟 濟 |
|---|---|

濟世(건질 제, 대 세) 세상을 잘 다스려 백
성을 구제함.

| 약할 **약**<br>(弓부 7획) | 기 刁 弓 弓 弓 弱 弱 弱 弱<br>弱 |
|---|---|

弱骨(약할 약, 뼈 골) 골격이 약함.

| 도울 **부**<br>(扌부 4획) | 一 十 扌 扌 扶 扶 扶 |
|---|---|

扶助(도울 부, 도울 조) 남을 붙들어 도와
줌.

| 기울 **경**<br>(亻부 11획) | 丿 亻 亻 亻 价 竹 佰 佰 傾<br>傾 傾 傾 傾 |
|---|---|

傾向(기울 경, 향할 향) 생각이나 기분이 어
느 한 방향으로 쏠림.

綺回漢惠
(기회한혜)

【풀이】 진나라 네 현인(賢人)의 한 사람인 기리계가 위험에 빠진 한나라 태자 혜를 도와주었다.

| 비단 기 (糸부 8획) | ´ ﾉ ﾑ ﾑ 幺 糸 糸 糽 糽 紵 絊 綺 綺 綺 綺 |
|---|---|

綺羅星(비단 기, 벌일 라, 별 성) 훌륭한 사람들이 죽 늘어선 것을 비유하는 말.

| 돌아올 회 (口부 3획) | 丨 冂 冂 回 回 回 |
|---|---|

回診(돌아올 회, 볼 진) 의사가 환자의 병실을 돌아다니며 진찰함.

| 한나라 한 (氵부 11획) | ` ﾝ ﾝ ﾝ 沪 浐 浐 浐 |
|---|---|
| | 漢 漢 漢 漢 漢 |

漢詩(한나라 한, 시 시) 한(漢)대의 시. 한문으로 지은 시(詩).

| 은혜 혜 (心부 8획) | ´ ﾟ ﾟ 币 币 東 車 車 車 |
|---|---|
| | 惠 惠 惠 |

仁惠(어질 인, 은혜 혜) 어질고 은혜로움.

說感武丁
(열감무정)

【풀이】 은나라의 부열은 토목 공사장의 일꾼지었다가 재상으로 발탁되었고, 중흥의 위업을 달성하여 무정을 감동시켰다.

| 說 | 기쁠 **열** (言부 7획) | `丶一二三言言言言 訟訟詥詥說 |
| | 不亦說乎(아닐 불, 또 역, 기쁠 열, 어조사 호) 어찌 기쁘지 않으랴. | |
| 感 | 느낄 **감** (心부 9획) | ﾉ 厂 厂 厂 厃 咸 咸 咸 咸 咸 感 感 感 |
| | 感想(느낄 감, 생각할 상) 마음속에 느끼어 일어나는 생각. | |
| 武 | 날랠 **무** (止부 4획) | 一 二 干 干 丟 正 武 武 |
| | 武勇(날랠 무, 날쌜 용) 날래고 용맹함. | |
| 丁 | 장정 **정** (一부 1획) | 一 丁 |
| | 壯丁(씩씩할 장, 장정 정) 혈기 왕성한 남자. | |

俊乂密勿
(준예밀물)

【풀이】준걸과 재사들이 조정에 빽빽하게 모였더라. 준은 천 사람 중에서, 예는 백 사람 중에서 가장 뛰어난 이를 가리킨다.

| | 준걸 **준**<br>(亻부 7획) | 丿 亻 𠆢 𠆢 俨 俨 俊 俊 |
|---|---|---|
| 俊 | 俊才(준걸 준, 재주 재) 뛰어난 재능. 또, 그러한 사람. | |
| 乂 | 재주 **예**<br>(丿부 1획) | 丿 乂 |
| | | |
| 密 | 빽빽할 **밀**<br>(宀부 8획) | 丶 宀 宀 宓 宓 宓 宓 密 密 |
| | 隱密(숨길 은, 빽빽할 밀) 숨겨 비밀히 함. | |
| 勿 | 말 **물**<br>(勹부 2획) | 丿 勹 勿 勿 |
| | 四勿(넉 사, 말 물) 하지 말라는 네 가지. (예가 아니면 보지 말고, 듣지 말고, 말하지 말고, 행동하지 말라). | |

## 多士寔寧 (다사식녕)

【풀이】 바른 인재들이 많아 각자 맡은 일을 훌륭히 처리하니 나라가 태평스러웠다.

| 많을　다 (夕부 3획) | ′ ク タ タ 多 多 |
|---|---|
| 許多(허락할 허, 많을 다) 몹시 많음. 수두룩함. | |
| 선비　사 (士부 0획) | 一 十 士 |
| 士林(선비 사, 수풀 림) 선비들의 세계. | |
| 이　식 (宀부 9획) | ′ ′ 宀 宀 宀 宀 宀 宣 寔 寔 寔 寔 |
| | |
| 편안　녕 (宀부 11획) | ′ ′ 宀 宀 宀 宀 宀 宀 宀 宀 宿 富 寍 寧 寧 |
| 安寧(편안할 안, 편안 녕) 편안함, 안전하고 태평함. | |

晉楚更霸
(진초갱패)

【풀이】 진나라의 문공과 초나라의 장왕이 새로운 강자로 등장하여 차례로 패자(霸者)가 되었다.

| | 나라 **진**<br>(日부 6획) | ᅳ ᄀ ᅚ ᅜ ᅚ ᅚ ᄑ ᅎ ᅎ<br>晉 |
|---|---|---|
| 晉 | 나라이름. 나아가다. | |
| 楚 | 나라 **초**<br>(木부 9획) | ᅳ ᅥ ᅔ ᅔ ᅔ ᅔ 林 林 桂<br>梵 梵 禁 楚 |
| | 楚囚(나라 초, 가둘 수) 타국에 잡혀간 초<br>(楚)나라 사람. | |
| 更 | 다시 **갱**<br>(日부 3획) | ᅳ ᅮ ᅲ ᅲ 百 更 更<br> |
| | 更新(다시 갱, 새 신) 다시 새로워짐. 새롭<br>게 고침. | |
| 霸 | 으뜸 **패**<br>(雨부 13획) | ᅳ ᅮ ᅲ ᅲ ᅲ ᅲ ᅲ ᅲ<br>ᅲ ᅲ ᅲ ᅲ ᅲ ᅲ 霸 霸 霸 |
| | 制霸(마를 제, 으뜸 패) 패권을 쥠. | |

## 趙魏困橫 (조위곤횡)

【풀이】 진나라 사람 장의는 연횡설을 주장하여 약소국인 조나라와 위나라를 곤란하게 만들었다. 육국때에 진나라를 섬김을 횡이라 하였다.

| 趙 | 나라 **조** (走부 7획) | 조나라. 찌르다. |
| 魏 | 나라 **위** (鬼부 8획) | 나라이름. 뛰어나다. |
| 困 | 곤란할 **곤** (口부 4획) | 困窮(곤란할 곤, 다할 궁) 몹시 곤란함. 몹시 가난함. |
| 橫 | 비낄 **횡** (木부 12획) | 橫財(비낄 횡, 재물 재) 뜻밖에 재물을 공짜로 얻음. |

## 假途滅虢
### (가도멸괵)

【풀이】진나라의 헌공이 우나라의 길을 빌려 괵나라를 멸하였다.

| 假 | 거짓 **가**<br>(亻부 9획) | ′ 亻 亻′ 亻′ 們 假 假 假<br>假 假 |
|---|---|---|
| | 假設(거짓 가, 베풀 설) 임시로 설치함. | |
| 途 | 길 **도**<br>(辶부 7획) | ′ 人 仒 仐 仐 余 余 涂 涂<br>涂 途 |
| | 途中(길 도, 가운데 중) 길을 가고 있는 중. | |
| 滅 | 멸할 **멸**<br>(氵부 10획) | ′ ` ; ; 沪 沪 沪 沪 沪<br>沪 滅 滅 滅 |
| | 滅種(멸할 멸, 씨 종) 종자가 망하여 없어짐. | |
| 虢 | 나라 **괵**<br>(虍부 9획) | ′ ′ ′ ′′ ′′ 乎 乎 乎′ 乎′<br>乎′ 乎′ 乎′ 號 號 號 |
| | 나라이름. 할퀸 자국. | |

| 踐土會盟<br>(천토회맹) | 【풀이】 진나라 문공이 천자(天子)인 주나라 양왕을 모시고 천토에서 작은 나라들로부터 천자를 섬기겠다는 맹세를 받았다. |
|---|---|

| | 밟을　천<br>(足부　8획) | ` ⼝ ⼞ ⾜ ⾜ ⾜ ⾜ 跭 跭<br>跭 跭 跭 跭 踐 踐 |
|---|---|---|
| 踐 | 實踐(열매 실, 밟을 천) 실제로 이행함. | |
| 土 | 흙　　토<br>(土부　0획) | ⼀ ⼗ 土 |
| | 土砂(흙 토, 모래 사) 흙과 모래. 모래 섞인 흙. | |
| 會 | 모일　회<br>(日부　9획) | ⼃ ⼈ ⼆ ⼇ ⼇ 合 侖 侖 侖 侖<br>侖 會 會 會 |
| | 會館(모일 회, 객사 관) 집회를 목적으로 지은 건물. | |
| 盟 | 맹세　맹<br>(皿부　8획) | ⼁ ⼞ ⽇ ⽇ ⽇ 明 明 明 明<br>明 明 盟 盟 |
| | 同盟(한가지 동, 맹세 맹) 같은 목적이나 이익을 위하여 같이 행동하기로 약속하는 일. | |

何遵約法
(하준약법)

【풀이】소하는 나라에 범법사건이
늘자 한고조로 더불어 약법
삼장(세 가지 간소화된 법)을
정하여 준수하게 하였다.

| 何 | 어찌　**하**<br>(亻부　5획) | ノ　亻　ㅏ　仃　仃　何　何 |
|---|---|---|
| | 何等(어찌 하, 같을 등) 아무런. 아무. | |
| 遵 | 좇을　**준**<br>(辶부　12획) | 丷　八　兯　兯　酋　酋　酋　㽙　噂<br>噂　尊　尊　尊　遵　遵　遵 |
| | 遵法(좇을 준, 법 법) 법률이나 규칙이 정한<br>바에 따름. | |
| 約 | 간략할　**약**<br>(糸부　3획) | ㄥ　ㄠ　幺　糸　糸　糸　約　約　約 |
| | 節約(마디 절, 간략할 약) 아끼어 씀. | |
| 法 | 법　　　**법**<br>(氵부　5획) | 丶　丶　氵　氵　汁　法　法　法 |
| | 法案(법 법, 책상 안) 법률의 안건. 법률의<br>초안(草案). | |

韓弊煩刑
(한폐번형)

【풀이】 춘추 시대 말의 법학자 한비자가 만든 법은 번거롭고 가혹하여 많은 폐해를 가져왔다.

| 韓 | 나라이름 **한**<br>(韋부 8획) | 一 十 古 古 古 古 吉 吉 吉<br>韩 韩 韩 韩 韩 韩 韓 韓 |
|---|---|---|
| | 韓服(나라이름 한, 옷 복) 한국 고유의 의복. | |
| 弊 | 폐단 **폐**<br>(廾부 12획) | 丿 丬 朮 朮 内 内 内 内 冇<br>㡀 敝 敝 弊 弊 弊 |
| | 폐해. 나쁨. | |
| 煩 | 번거로울 **번**<br>(火부 9획) | 丶 丷 少 火 灯 灯 灯 炉 煩<br>煩 煩 煩 煩 |
| | 煩雜(번거로울 번, 섞일 잡) 번거롭고 어수선함. | |
| 刑 | 형벌 **형**<br>(刂부 4획) | 一 二 干 开 开 刑 |
| | 刑場(형벌 형, 마당 장) 사형 집행 장소. | |

# 起翦頗牧
## (기전파목)

**【풀이】** 백기와 왕전은 진나라의 장수이고, 염파와 이목은 조나라의 장수로 네 명을 명장으로 꼽는다.

| | | |
|---|---|---|
| 起 | 일어날 **기**<br>(走부 3획) | 一 十 キ キ キ 走 走 起 起 起 |
| | **再起**(두 재, 일어날 기) 다시 일어남. 다시 일을 시작함. | |
| 翦 | 자를 **전**<br>(羽부 9획) | ` ` 广 广 肖 肖 前 前 前 前 翦 翦 翦 翦 翦 翦 |
| | **翦毛**(자를 전, 털 모) 털을 깍음. | |
| 頗 | 자못 **파**<br>(頁부 5획) | ` 丆 产 皮 皮 皮 皮 颇 颇 頗 頗 頗 頗 |
| | **偏頗**(치우칠 편, 자못 파) 한쪽으로 치우쳐 불공평함. | |
| 牧 | 칠 **목**<br>(牛부 4획) | ` 一 牛 牛 牛 牲 牧 牧 |
| | **牧歌**(칠 목, 노래 가) 목동이 부르는 노래. | |

## 用軍最精 (용군최정)

【풀이】이 네 장수는 군사를 잘 훈련시켰고, 전략은 한치의 빈틈도 없었다.

| 用 | 쓸　　　용<br>(用부　0획) | ノ 丿 冂 月 月 用 |
|---|---|---|
| | 用紙(쓸 용, 종이 지) 어떤 일에 쓰이는 종이. | |
| 軍 | 군사　　군<br>(車부　2획) | 丶 冖 冖 冖 冟 冟 宣 軍 |
| | 軍納(군사 군, 바칠 납) 군에 필요한 물자를 납품하는 일. | |
| 最 | 가장　　최<br>(日부　8획) | 丶 冂 曰 曰 曰 旱 冣 冣 冣<br>冣 冣 最 |
| | 最新(가장 최, 새 신) 가장 새로움. | |
| 精 | 정밀할　정<br>(米부　8획) | 丶 丷 丷 半 米 米 米 米 米<br>米 精 精 精 精 精 |
| | 精巧(정밀할 정, 공교할 교) 자세하고 교묘함. | |

宣威沙漠
(선위사막)

【풀이】 이 장수들은 그 위세를 오랑캐들이 사는 사막에까지 떨쳤다.

| 宣 | 베풀 선<br>(宀부 6획) | 丶 丷 宀 宀 官 官 官 宣 宣 |
|---|---|---|
| | 宣敎(베풀 선, 가르침 교) 가르침을 넓힘. 종교(宗敎)를 널리 폄. | |
| 威 | 위엄 위<br>(女부 6획) | 丿 厂 厈 厈 威 威 威 威 威 |
| | 威勢(위엄 위, 기세 세) 위엄과 세력. | |
| 沙 | 모래 사<br>(氵부 4획) | 丶 丶 氵 氵 汀 汋 沙 沙 |
| | 沙土(모래 사, 흙 토) 모래가 많이 섞인 흙이나 땅. | |
| 漠 | 사막 막<br>(氵부 11획) | 丶 丶 氵 氵 沪 沪 浐 浐 漠<br>漠 漠 漠 漠 漠 |
| | 漠然(사막 막, 그러할 연) 넓어서 어렴풋한 모양. | |

## 馳譽丹靑
### (치예단청)

【풀이】공신들의 명예를 생전뿐 아
니라 죽은 후에도 전하기 위
해 초상을 기린각에 그렸다.

| | | |
|---|---|---|
| 馳 | 달릴　　　치<br>(馬부　3획) | ㅣ ㄷ ㄸ ㄸ ㅌ 馬 馬 馬 馬<br>馬 馬 馳 馳 |
| | 馳到(달릴 치, 이를 도) 달음질하여 이름. | |
| 譽 | 기릴　　　예<br>(言부　14획) | ´ ´ ´ ´ ㅼ ㅼ ㅼ ㅼ 與<br>與 與 與 與 擧 譽 擧 譽 譽 |
| | 榮譽(영화 영, 기릴 예) 영광스러운 명예. | |
| 丹 | 붉을　　　단<br>(丶부　3획) | ノ 刀 刀 丹 |
| | 丹靑(붉을 단, 푸를 청) 집의 벽, 기둥, 천장<br>같은 데에 여러 빛깔로 그림과 무늬를<br>그림. | |
| 靑 | 푸를　　　청<br>(靑부　0획) | ㅡ ㅡ ㅗ 生 主 丰 靑 靑 靑 |
| | 靑雲(푸를 청, 구름 운) 푸른 구름. 학덕이<br>있고 명망이 높음을 비유. | |

九州禹跡
(구주우적)

【풀이】하(夏)나라의 우임금은 9주
(기,연,청,서,양,형,예,양,동)
로 나누어 다스렸는데 그 발자
취가 닿지 않는 곳이 없었다.

| 九 | 아홉 **구**<br>(乙부 1획) | ノ 九 |
|---|---|---|
| | 九重(아홉 구, 무거울 중) 아홉 겹. 여러 겹. | |
| 州 | 고을 **주**<br>(川부 3획) | 丶 丿 州 州 州 州 |
| | 州都(고을 주, 도읍 도) 주(州)의 관청이 있<br>는 도시. | |
| 禹 | 임금 **우**<br>(内부 4획) | 丿 一 一 一 一 一 禹 禹 禹 |
| | 禹域(임금 우, 지경 역) 중국의 다른 이름. | |
| 跡 | 자취 **적**<br>(足부 6획) | 丶 口 口 口 口 呈 足 足 距<br>跰 跰 跡 跡 |
| | 筆跡(붓 필, 자취 적) 글씨의 형적. 글씨 솜<br>씨. | |

# 百郡秦幷
## (백군진병)

【풀이】진시황이 천하를 통일하고 각각의 군주가 통치하던 6국을 합쳐 전국을 100개의 군으로 나누어 다스렸다.

---

百

| 일백 **백** (白부 1획) | 一 丆 丆 币 百 百 |

百方(일백 백, 모 방) 여러 방면. 여러 방법.

郡

| 고을 **군** (阝부 7획) | 一 ⼅ ⼅ 尹 尹 君 君 君' 君 郡 |

郡廳(고을 군, 관청 청) 군(群)의 행정을 관장하는 관청.

秦

| 나라 **진** (禾부 5획) | 一 二 三 丰 夫 表 表 奉 秦 秦 |

秦始皇(나라 진, 처음 시, 임금 황) 진나라 황제. 6국을 멸하고 천하를 통일한 후 만리장성을 쌓았음.

幷

| 합할 **병** (干부 5획) | ⼃ 亠 ⼆ 壬 并 并 并 并 |

幷呑(합할 병, 삼킬 탄) 남의 것을 한데 어울러 제 것으로 만듦.

嶽宗恒岱
(악종항대)

【풀이】 큰 산 다섯 중에 항산과 태산을 근본으로 삼았다. 태산은 대산의 다른 이름이다.

|  | 큰산 **악** (山부 14획) | ' ﾟ 屮 屵 屵 屵 屵 屵 屵<br>屵 嶽 嶽 嶽 嶽 嶽 嶽 嶽 |
| | 큰 산. 높은 산. | |
|  | 근본 **종** (宀부 5획) | ' ' 宀 宀 宁 宇 宗 宗 |
| | 宗派(근본 종, 물갈래 파) 일족의 갈래. 불교의 유파. | |
|  | 항상 **항** (忄부 6획) | ㅣ ㅣ ㅏ 忄 忙 恒 恒 恒 恒 |
| | 恒心(항상 항, 마음 심) 늘 지니고 있는 마음. | |
|  | 대산 **대** (山부 5획) | ノ 亻 亻 代 代 代 岱 岱 |
| | 岱山(대산 대, 메 산) 태산의 다른 이름. | |

禪主云亭
(선주운정)

【풀이】태산에서 천신에게 제사를 드리고, 운운산과 정정산에서 자신에게 제사를 드려 나라의 안녕을 빌었다.

| 禪 | 터닦을 **선**<br>(示부 12획) | 一 二 干 禾 禾 禾 禾 禾<br>禾 禾 禪 禪 禪 禪 禪 |
|---|---|---|
| | 參禪(간여할 참, 터닦을 선) 선도에 들어가 선법을 추구함. | |
| 主 | 임금 **주**<br>(丶부 4획) | 丶 亠 宀 主 主 |
| | 社主(모일 사, 임금 주) 회사의 주인 되는 사람. | |
| 云 | 이를 **운**<br>(二부 2획) | 一 二 云 云 |
| | 云云(이를 운, 이를 운) 여러 가지 말. | |
| 亭 | 정자 **정**<br>(亠부 7획) | 丶 亠 宀 宀 宀 亭 亭 亭 亭 |
| | 亭亭(정자 정, 정자 정) 나무 등이 곧게 우뚝 서있는 모양. | |

鴈門紫塞
(안문자색)

【풀이】 북쪽으로는 기러기가 쉬어가는 안문관이 있고, 동서로는 흙빛이 붉은 만리장성이 둘러 있다.

| 기러기 **안**<br>(鳥부 4획) | 一 厂 厂 厂 厂 厏 厏 鴈<br>鴈 鴈 鴈 鴈 鴈 鴈 |
|---|---|

鴈行(기러기 안, 갈 행) 기러기가 줄지어 날아가는 일.

| 문 **문**<br>(門부 0획) | 丨 冂 冂 冂 冂 冂 門 門 門 |
|---|---|

專門(오로지 전, 문 문) 한가지 분야에 국한하여 힘이나 마음을 오로지함.

| 자줏빛 **자**<br>(糸부 5획) | 丶 ト ᅡ 止 此 此 紫 紫 紫<br>紫 紫 紫 |
|---|---|

紫色(자줏빛 자, 빛 색) 자주색.

| 막을 **색(새)**<br>(土부 10획) | 丶 宀 宀 宀 宀 宀 寒 寒 寒<br>寒 寒 寒 塞 |
|---|---|

要塞(구할 요, 막을 새) 국방상 중요한 지점에 구축하여 놓은 견고한 군사적 방어시설.

# 鷄田赤城
## (계전적성)

【풀이】계전은 옹주에 있고 적성은 기주에 있는 고을이다.

| 鷄 | 닭　　계<br>(鳥부 10획) | ノ ⺈ ⺈ ⺈ ⺈ 爻 爻 爻 爻<br>爻 爻 爻 爻 爻 爻 爻 鷄 鷄 |
|---|---|---|
| | 群鷄(무리 군, 닭 계) 닭의 무리. 많은 닭. | |
| 田 | 밭　　전<br>(田부 0획) | 丨 冂 冃 甲 田 |
| | 耕田(밭갈 경, 밭 전) 논밭을 갊. | |
| 赤 | 붉을　적<br>(赤부 0획) | 一 十 土 ナ 考 赤 赤 |
| | 赤化(붉을 적, 될 화) 붉어짐. | |
| 城 | 재　　성<br>(土부 7획) | 一 十 土 圵 圹 圾 城 城 城 |
| | 長成(길 장, 재 성) 길게 둘러쌓은 성. | |

## 昆池碣石
### (곤지갈석)

【풀이】곤지는 운남 곤명현에 있는 연못이고, 갈석산은 부평현에 있다.

| 昆 | 맏 곤<br>(日부 4획) | ⌐ 冂 円 日 月 尸 昆 昆 |
|---|---|---|
| | 昆蟲(맏 곤, 벌레 충) 벌레의 총칭. | |
| 池 | 연못 지<br>(氵부 3획) | ⌐ ⌐ 氵 汁 汕 池 |
| | 池苑(연못 지, 동산 원) 연못과 동산. | |
| 碣 | 돌 갈<br>(石부 9획) | ⌐ 丆 丆 石 石 石 矴 矴 矴<br>碣 碣 碣 碣 碣 |
| | 碑碣(돌기둥 비, 돌 갈) 비석. 네모진 비석과 둥근 비석. | |
| 石 | 돌 석<br>(石부 0획) | ⌐ 丆 丆 石 石 |
| | 石手(돌 석, 손 수) 돌을 다루어 물건을 만드는 사람. | |

| | | |
|---|---|---|
| 鉅 | 클 **거**<br>(金부 5획) | ノ ナ ト ト ヒ 牟 牟 金 釒<br>釒 釒 釒 鉅 |
| | 鉅商(클 거, 헤아릴 상) 장사를 크게 하는 사람. | |
| 野 | 들 **야**<br>(里부 4획) | 丶 口 口 日 甲 甲 里 野 野<br>野 野 |
| | 草野(풀 초, 들 야) 초원. 벼슬하지 않고 묻혀 있는 곳. | |
| 洞 | 고을 **동**<br>(氵부 6획) | 丶 冫 氵 氵 沪 沪 洞 洞 洞 洞 |
| | 洞民(마을 동, 백성 민) 한 동네에 사는 사람. | |
| 庭 | 뜰 **정**<br>(广부 7획) | 丶 一 广 广 广 庐 庐 庭 庭<br>庭 |
| | 親庭(친할 친, 뜰 정) 시집간 여자의 본집. | |

**【풀이】** 거야는 태산 동편에 있는 광야이고, 동정은 호남성에 있는 큰 호수이다.

# 曠遠綿邈 (광원면막)

【풀이】 산과 평야, 호수 등이 솜에서 뽑아낸 실처럼 아득하고 멀리 이어져 있음을 말한다.

| | | |
|---|---|---|
| 曠 | 넓을 **광**<br>(日부 15획) | 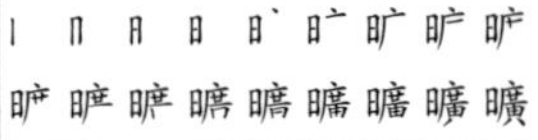 |
| | 廣闊(넓을 광, 트일 활) 넓고 탁 트임. | |
| 遠 | 멀 **원**<br>(辶부 10획) |  |
| | 遠近(멀 원, 가까울 근) 먼 곳과 가까운 곳. | |
| 綿 | 솜 **면**<br>(糸부 8획) | 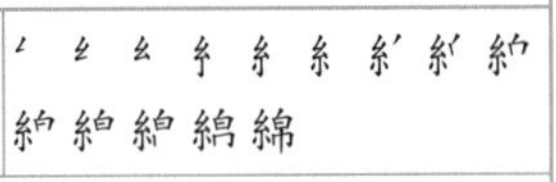 |
| | 純綿(생사 순, 솜 면) 순전히 면사만으로 짠 직물. | |
| 邈 | 멀 **막**<br>(辶부 14획) | 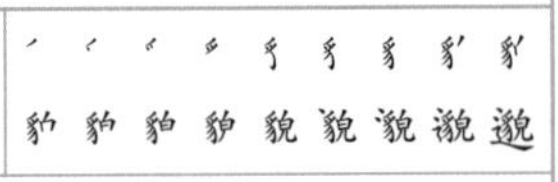 |
| | 邈然(멀 막, 그러할 연) 아득히 먼 모양. | |

嚴峀杳冥
(암수묘명)

【풀이】 산의 우람한 모습을 나타낸 것으로, 골짜기의 암석과 암석 사이는 동굴과도 같이 깊고 어둡다.

| 嚴 | 바위 **암** (山부 20획) | `丷 ᷅ ᷄ ᷆ ᷇ 严 产 ` `严 严 产 产 巖 巖 巖 巖 巖` |
|---|---|---|
| | 岩盤(바위 암, 소반 반) 바위로 이루어진 지층이나 지반. | |
| 峀 | 메뿌리 **수** (山부 5획) | `丨 屮 屮 屮 屮 屮 峀` |
| | 산뿌리. | |
| 杳 | 아득할 **묘** (木부 4획) | `一 十 オ 木 木 杏 杏 杳` |
| | 杳然(아득할 묘, 그러할 연) 알 길 없어 까마득함. | |
| 冥 | 어두울 **명** (冖부 8획) | `丶 冖 宀 宀 宀 冝 冝 冝 冥` `冥` |
| | 冥福(어두울 명, 복 복) 죽은 뒤에 저승에서 받는 행복. | |

治本於農
(치본어농)

【풀이】다스리는 것은 농사를 근본으로 하니 중농정치를 이른다.

| | | |
|---|---|---|
| 治 | 다스릴 **치**<br>(氵부 5획) | `  `  氵 氵 沪 治 治 治 |
| | 治療(다스릴 치, 병고칠 료) 병이나 상처를 다스려서 낫게 함. | |
| 本 | 근본 **본**<br>(木부 1획) | 一 十 才 木 本 |
| | 本能(근본 본, 능할 능) 날 때부터 타고난 성능. | |
| 於 | 어조사 **어**<br>(方부 4획) | ` 二 亠 方 扩 於 於 於 |
| | 於其中(어조사 어, 그 기, 가운데 중) 그 속에 있어서. | |
| 農 | 농사 **농**<br>(辰부 6획) | ` 冂 冎 冎 曲 曲 芦 芦 芦<br>芦 農 農 農 |
| | 農民(농사 농, 백성 민) 농사를 짓는 백성. | |

# 務玆稼穡
(무자가색)

[풀이] 백성들은 때를 놓치지 아니하고 곡식을 심고 거두는데 힘써야 한다.

| 務玆稼穡 | 힘쓸　　무<br>(力부　9획) | ｱ ｱ ｱ ｱ ｱ ｱ ｱ 矛 矛 矜 務<br>務 |
| --- | --- | --- |
| | 義務(옳을 의, 힘쓸 무) 일정한 사람에게 부과되어 반드시 실행해야 하는 일. | |
| | 이　　　자<br>(艹부　6획) | ` ゛ 十 圡 玄 玄 ゙ 玆 玆<br>玆 |
| | 來玆(올 내, 이 자) 올해의 바로 다음 해. | |
| | 심을　　가<br>(禾부　10획) | ´ ´ 千 千 禾 禾 禾 矛 矜<br>矜 矜 稍 稼 稼 稼 |
| | 稼動(심을 가, 움직일 동) 사람이나 기계가 움직여 일함. | |
| | 거둘　　색<br>(禾부　13획) | ´ ′ 千 千 禾 禾 种 种 种<br>种 种 稆 稆 稇 稿 稿 穡 穡 |
| | 稼穡(심을 가, 거둘 색) 곡식을 심고 거두는 일. 경작하는 일. | |

俶載南畝
(숙재남묘)

【풀이】 봄이 되면 비로서 남쪽 양지
바른 이랑부터 씨를 뿌리기
시작한다.

| 俶 | 비로서 **숙**<br>(亻부 8획) | ノ亻亻亻亻亻亻亻亻亻<br>俶 |
|---|---|---|
| | 俶裝(비로서 숙, 꾸밀 장) 채비를 차림. | |
| 載 | 실을 **재**<br>(車부 6획) | 一十士吉吉吉吉吉吉<br>車載載載 |
| | 揭載(들 게, 실을 재) 신문 따위에 글이나<br>그림을 실음. | |
| 南 | 남녘 **남**<br>(十부 7획) | 一十十内内内南南南南 |
| | 南東風(남녘 남, 동녘 동, 바람 풍) 남동쪽<br>에서 북서쪽으로 부는 바람. | |
| 畝 | 이랑 **묘**<br>(田부 5획) | 、一一亠亠亩亩亩畝畝<br>畝 |
| | 밭이랑. | |

## 我藝黍稷 (아예서직)

【풀이】 나는 기장과 피를 심는 농사 일에 열중하겠다. 옛날 중국에서는 이 둘을 오곡의 으뜸을 쳤다.

| 나 **아** (戈부 3획) | ´ 二 千 手 我 我 我 |
|---|---|

我執(나 아, 잡을 집) 자기 의견만을 고집함.

| 재주 **예** (艹부 15획) | ` ` ` ` ` ` ` ` ` ` ` ` ` ` ` ` ` ` ` ` ` ` ` ` ` ` ` ` ` ` ` ` ` ` ` 藝 藝 藝 |
|---|---|

文藝(글월 문, 재주 예) 문학을 비롯한 모든 예술의 총칭.

| 기장 **서** (黍부 0획) | ´ 二 千 千 千 禾 禾 黍 黍 黍 黍 |
|---|---|

黍稷(기장 서, 피 직) 메기장과 찰기장.

| 피 **직** (禾부 10획) | ´ 二 千 千 千 禾 稈 稈 稈 稷 稷 稷 稷 稷 稷 |
|---|---|

稷神(피 직, 귀신 신) 곡식을 맡은 신.

稅熟貢新
(세숙공신)

【풀이】곡식이 익으면 세금을 내었고, 햇곡식으로는 종묘에 제사를 올린다.

| | | |
|---|---|---|
| 稅 | 세금 **세**<br>(禾부 7획) | ´ ㄴ ㅜ ㅊ ㅊ 禾 和 秒 秒<br>秒 秒 稅 |
| | 稅務(세금 세, 힘쓸 무) 세금의 부과 징수에 관한 행정 사무. | |
| 熟 | 익을 **숙**<br>(灬부 11획) | ` ㄴ ㅗ ㅎ ㅎ 享 享 享 享<br>孰 孰 孰 熟 熟 熟 |
| | 熟達(익을 숙, 통달할 달) 익숙하여 통달함. | |
| 貢 | 바칠 **공**<br>(貝부 3획) | 一 ㄱ ㅜ ㅜ 丟 丟 肯 青 貢<br>貢 |
| | 貢獻(바칠 공, 바칠 헌) 국가나 사회를 위하여 이바지함. | |
| 新 | 새 **신**<br>(斤부 9획) | ` ㄴ ㅗ ㅎ ㅁ 쁘 辛 辛 亲<br>亲 新 新 新 |
| | 新規(새 신, 법 규) 새로운 규칙이나 규모. | |

勸賞黜陟
(권상출척)

【풀이】 나라에서는 농민의 의기를 위하여 부지런한 농민은 포상하고, 권농 지도를 게을리한 관리는 내쫓아 농사일의 소중함을 일깨웠다.

| 勸 | 권장할 **권**<br>(力부 18획) | `丶 十 艹 芇 芇 芇 芇 芇 芇`<br>`芇 芇 芇 芇 莗 莗 莗 勸 勸` |
|---|---|---|

勸告(권장할 권, 알릴 고) 권면하고 충고함.

| 賞 | 상줄 **상**<br>(貝부 8획) | `丶 丷 丷 丷 尚 尚 尚 尚 尚`<br>`尚 尚 尚 尚 賞 賞` |
|---|---|---|

賞牌(상줄 상, 패 패) 상으로 주는 패.

| 黜 | 내칠 **출**<br>(黑부 5획) | `丶 冂 冂 冂 口 甲 甲 里`<br>`里 黑 黑 黑 黜 黜 黜 黜` |
|---|---|---|

黜黨(내칠 출, 무리 당) 당파나 정파 등에서 쫓아 냄.

| 陟 | 오를 **척**<br>(阝부 7획) | `丶 阝 阝 阝 阾 阾 陟 陟`<br>`陟` |
|---|---|---|

進陟(나아갈 진, 오를 척) 일이 진행되어 감.

孟軻敦素
(맹가돈소)

【풀이】 맹자의 이름은 가(軻)인데, 하늘로 부터 받은 인간의 본심을 도탑게 하고자 하는 돈소설(敦素說)을 주장하였다.

| | | |
|---|---|---|
| 만 **맹**<br>(子부 5획) | フ了子子舌舌孟孟 | |
| 四孟朔(넉 사, 만 맹, 초하루 삭) 춘하추동의 각 첫돌. | | |
| 수레 **가**<br>(車부 5) | 一ㄇㄇㅁㅁㅌ車車軻軻軻軻 | |
| 轗軻(가기힘들 감, 수레 가) 수레가 가기 힘들다. 일이 뜻대로 진척되지 않음을 비유. | | |
| 도타울 **돈**<br>(攵부 8획) | 亠亠亠亨亨亨享享敦敦 | |
| 敦睦(도타울 돈, 화목할 목) 정이 도탑고 화목함. | | |
| 바탕 **소**<br>(糸부 4획) | 一二キ主丰青青素素 | |
| 要素(구할 요, 바탕 소) 사물에 필요 불가결한 성분 또는 근본적 조건. | | |

# 史魚秉直
## (사어병직)

**【풀이】** 사어라는 사람은 위나라 태부 였으며 그 성품이 매우 강직 하였다.

| 史 | 역사 **사**<br>(口부 2획) | ﹅ ﹅ 口 中 史 史 |
|---|---|---|
| | 史記(역사 사, 기록할 기) 역사상의 사실을 기록한 책. | |
| 魚 | 고기 **어**<br>(魚부 0획) | ﹅ ﹅ ﹅ 名 名 角 角 魚 魚 魚 魚 |
| | 漁網(고기 어, 그물 망) 물고기 잡는 그물. | |
| 秉 | 잡을 **병**<br>(禾부 3획) | ﹅ ﹅ ﹅ 乒 乒 乒 事 事 秉 |
| | 秉勸(잡을 병, 권세 권) 정권이나 권력을 잡음. | |
| 直 | 곧을 **직**<br>(目부 3획) | 一 十 十 广 方 方 有 首 直 |
| | 直說(곧을 직, 설 척) 사실대로 말함. | |

庶幾中庸
(서기중용)

【풀이】어떠한 일이나 한쪽으로 기울어지게 일하면 안되며, 중용의 도를 지켜 행동하여야 한다.

| 庶 | 여러 서<br>(广부 8획) | 丶 一 广 广 庐 庐 庶 庶 庶<br>庶 庶 |
|---|---|---|
| | 庶務(여러 서, 일 무) 특정 명목이 없는 일반적인 사무. | |
| 幾 | 몇 기<br>(幺부 9획) | 幺 幺 幺 幺 幺' 幺幺 幺幺 幺幺 幾幺<br>幾 幾 幾 |
| | 幾日(몇 기, 해 일) 며칠. 몇 날. | |
| 中 | 가운데 중<br>(丨부 3획) | 丶 口 口 中 |
| | 中堅(가운데 중, 굳을 견) 조직이나 어떤 분야에서 중심이 되는 위치에 있는 사람. | |
| 庸 | 떳떳할 용<br>(广부 8획) | 丶 一 广 广 庐 庐 庐 庐 肩 肩<br>肩 庸 |
| | 庸劣(떳떳할 용, 못할 렬) 어리석고 변변치 못함. | |

## 勞謙謹勅 (로겸근칙)

**【풀이】** 부지런하고 겸손하며 모든 일을 함에 있어 침착하고 조심스러워야 중용의 도에 이른다.

勞

| 수고할 로<br>(力부 10획) | ` ` ⺌ ⺌ ⺌ ⺌ ⺌⺌ ⺌⺌ ⺌⺌ <br> 炒 炒 勞 |
|---|---|

**慰勞**(위로할 위, 수고할 로) 수고를 치사하여 마음을 즐겁게 해 줌.

謙

| 겸손할 겸<br>(言부 10획) | ` ` ⺀ ⺀ ⺀ 言 言 言 言 <br> 言⺌ 言⺌ 謙 謙 謙 謙 謙 謙 |
|---|---|

**謙讓**(겸손할 겸, 사양할 양) 겸손하여 사양함.

謹

| 삼갈 근<br>(言부 11획) | ` ` ⺀ ⺀ ⺀ 言 言 言 言 <br> 謹 謹 謹 謹 謹 謹 謹 謹 謹 |
|---|---|

**謹賀**(삼갈 근, 하례 하) 삼가 하례함.

勅

| 칙서 칙<br>(力부 7획) | ` ` ⼌ ⼌ 束 束 束 勅 勅 |
|---|---|

**勅書**(칙서 칙, 글 서) 임금이 어느 특정인에게 훈계하거나 알릴 일을 적은 글.

聆音察理
(령음찰리)

【풀이】 남의 말은 성의 있게 들어야 생각하는 바를 알 수 있다는 말이다.

| 聆 | 들을 **령(영)**<br>(耳부 5획) | 一 丁 丌 丌 耳 耳 耹 耹<br>聆 聆 |
| | 聆聆(들을 영, 들을 령) 깨닫는 모양. | |

소리 **음**
(音부 0획)
丶 一 亠 亠 立 产 音 音 音

和音(화할 화, 소리 음) 높낮이가 다른 소리가 한데 어울리는 소리.

살필 **찰**
(宀부 11획)
丶 丷 宀 穴 穴 宓 宓 宓 宓<br>宓 宓 察 察 察

查察(볼 시, 살필 찰) 돌아다니며 실지 사정을 살펴 봄.

이치 **리**
(王부 7획)
一 二 丅 王 玗 玾 玾 理 理 理<br>理 理

理論(도리 이, 말할 론) 실험에 의하지 않고 순수한 관념에 의한 논리.

# 鑑貌辨色 (감모변색)

**【풀이】** 중용을 지키는 사람은 모양과 거동으로 그 사람의 마음을 분별할 수 있다.

## 鑑

볼 **감**
(金부 14획)

龜鑑(거북 귀, 볼 감) 모범

## 貌

모양 **모**
(豸부 7획)

容貌(얼굴 용, 모양 모) 얼굴 모습.

## 辨

분별할 **변**
(辛부 9획)

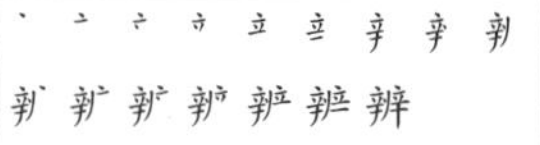

辯明(분별할 변, 밝을 명) 잘못이 아님을 사리로 따져 밝힘.

## 色

빛 **색**
(色부 0획)

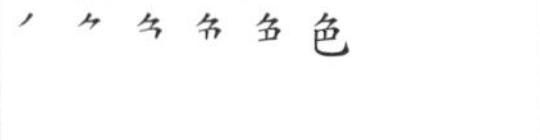

色感(빛 색, 느낄 감) 빛깔에서 받는 느낌.

# 貽厥嘉猷
## (이궐가유)

【풀이】 옳은 일을 하여 자손에게 좋은 것을 남겨야 한다.

| | | |
|---|---|---|
| 貽 | 끼칠 **이**<br>(貝부 5획) | ㅣ ㄇ ㄇ ㅐ ㅔ ㅌ 貝 貝 貼 貼<br>貽 貽 貽 |
| | 貽笑(끼칠 이, 웃을 소) 남에게 웃음거리가<br>됨. | |
| 厥 | 그 **궐**<br>(厂부 10획) | 一 厂 厂 厂 厂 厥 厥 厥 厥<br>厥 厥 厥 |
| | 厥角(그 궐, 뿔 각) 이마를 땅에 대고 절을<br>함. | |
| 嘉 | 아름다울 **가**<br>(口부 11획) | 一 十 キ ㅎ 吉 吉 吉 吉 壴<br>壴 嘉 嘉 嘉 嘉 |
| | 嘉禮(아름다울 가, 예도 례) 경사스러운 일<br>을 위한 예식. | |
| 猷 | 옳을 **유**<br>(犬부 9획) | ′ ㅅ ㅅ ㅓ ㅓ ㅑ ㅕ ㅗ 酋 酋<br>酋 猷 猷 猷 |
| | 猷念(옳을 유, 생각할 념) 깊이 생각함. | |

勉其祗植
(면기지식)

【풀이】 착하고 바르게 사는 법을 자손에게 심어 주어야 한다.

| | | |
|---|---|---|
| 勉 | 힘쓸 **면**<br>(力부 7획) | ノ ク ク 多 多 多 多 免 免<br>勉 |
| | 勉學(힘쓸 면, 배울 학) 힘써 공부함. | |
| 其 | 그 **기**<br>(八부 6획) | 一 十 十 廿 廿 甘 其 其 其 |
| | 其他(그 기, 다를 타) 그것 이외에 또 다른 것. | |
| 祗 | 공경 **지**<br>(示부 5획) | 一 二 テ テ 示 利 祁 祁 祇<br>祗 |
| | 祗服(공경 지, 옷 복) 존경하여 복종함. | |
| 植 | 심을 **식**<br>(木부 8획) | 一 十 才 才 才 栌 栌 栌 栒 植<br>植 植 植 |
| | 移植(옮길 이, 심을 식) 옮겨 심음. | |

省躬譏誡
(성궁기계)

【풀이】기롱과 경계함이 있는가 염려
하여 항시 몸을 살펴야 한다.

| | | |
|---|---|---|
| 살필 **성**<br>(目부 4획) | `ノ ノ ⺌ 少 少 省 省 省 省` |
| 反省(되돌릴 반, 살필 성) 부족한 점을 깨닫기 위해 스스로 돌이켜 생각함. |
| 몸 **궁**<br>(身부 3획) | `ノ ⺁ 竹 竹 阜 阜 身 身 射 射`<br>躬 |
| 躬進(몸 궁, 나아갈 진) 몸소 나아감. |
| 나무랄 **기**<br>(言부 12획) | `ヽ 二 二 言 言 言 言 言 訟`<br>訟 訟 譏 譏 譏 譏 譏 譏 譏 |
| 譏笑(나무랄 기, 웃을 소) 비웃음. |
| 경계 **계**<br>(言부 7획) | `ヽ 二 二 言 言 言 言 言 訪`<br>訪 訪 誡 誡 誡 |
| 訓戒(가르칠 훈, 경계 계) 타이름. |

| 寵增抗極<br>(총증항극) | 【풀이】윗사람의 총애가 더할수록 교만한 태도를 부리지 말고 더욱 조심하여야 한다. |
| --- | --- |

| 寵 | 사랑받을 **총**<br>(宀부 16획) | 丶 丶 宀 宀 宀 宀 宀 宁<br>宭 宭 宭 宭 寵 寵 寵 寵 寵 |
| | 恩寵(은혜 은, 사랑받을 총) 높은 사람으로부터 받는 특별한 은혜와 사랑. | |
| 增 | 더할 **증**<br>(土부 12획) | 一 十 土 圹 圹 圹 坳 埧 埧<br>埧 增 增 增 增 增 |
| | 急增(급할 급, 더할 증) 갑자기 늚. | |
| 抗 | 겨룰 **항**<br>(扌부 4획) | 一 十 扌 扌 扩 扩 抗 |
| | 抗告(겨룰 항, 알릴 고) 판결에 불복하여 상소하는 일. | |
| 極 | 다할 **극**<br>(木부 9획) | 一 十 才 才 朾 朾 朾 柯 柯<br>栖 極 極 |
| | 極盡(다할 극, 다될 진) 정성이 더할 나위 없음. | |

殆辱近恥
(태욕근치)

【풀이】 윗사람의 총애를 받는다고 욕
된 일을 하면 멀지 않아 위태
로움과 치욕을 당할 수 있으
니 항상 겸손하여야 한다.

| 殆 | 위태할 **태**<br>(歹부 5획) | ´ ｱ ﾗ ﾗ 殆 殆 殆 殆 殆 |
| | 危殆(위태할 위, 위태할 태) 위험함. 형세가 매우 어려움. | |
| 辱 | 욕될 **욕**<br>(辰부 3획) | ´ ﾌ ﾌ ﾌ 戸 辰 辰 辰 辱<br>辱 |
| | 屈辱(굽을 굴, 욕될 욕) 남에게 눌려 업신여 김을 받음. | |
| 近 | 가까울 **근**<br>(辶부 4획) | ´ ﾌ ﾜ 斤 沂 近 近 近 |
| | 近視(가까울 근, 볼 시) 먼 데 있는 물상을 잘 보지 못하는 눈. | |
| 恥 | 부끄러울 **치**<br>(心부 6획) | ´ ｱ ｱ ｱ ｦ 耳 耳 取 恥<br>恥 |
| | 恥部(부끄러울 치, 거느릴 부) 남에게 알리 고 싶지 않은 부끄러운 부분. | |

<table>
<tr><td rowspan="8">林皐幸卽</td><td>수풀    림<br>(木부   4획)</td><td>一 十 才 ★ ★ 村 村 林</td></tr>
<tr><td colspan="2">森林(나무빽빽할 삼, 수풀 림) 나무가 많이 우거진 수풀.</td></tr>
<tr><td>언덕    고<br>(白부   6획)</td><td>′ ′ ⌒ 血 白 白 皁 皋 皋<br>皐 皐</td></tr>
<tr><td colspan="2">東皐(동녘 동, 언덕 고) 봄의 논. 동쪽의 언덕.</td></tr>
<tr><td>다행    행<br>(干부   5획)</td><td>一 十 土 去 去 去 幸</td></tr>
<tr><td colspan="2">僥幸(요행 요, 다행 행) 우연히 잘 되어 다행함.</td></tr>
<tr><td>곧    즉<br>(卩부   7획)</td><td>′ ′ ⌒ 血 白 皀 皀 卽 卽</td></tr>
<tr><td colspan="2">卽席(곧 즉, 자리 석) 바로 그 자리.</td></tr>
</table>

**【풀이】** 혹 치욕스러운 일을 당하면 자연 속으로 운둔하여 한가롭게 지내는 것이 나을 것이다.

## 兩疏見機
### (량소견기)

【풀이】한나라의 소광과 소수는 태자를 가르쳤던 국사였으나 때를 알아 스스로 물러난 사람들이었다.

| | | |
|---|---|---|
| **兩** | 두 **량(양)**<br>(入부 6획) | 一 厂 厂 厂 兩 兩 兩 兩 |
| | 兩斷(두 양, 끊을 단) 하나를 둘로 끊음. | |
| **疏** | 성 **소**<br>(疋부 6획) | 乛 マ 了 了 予 疋 疋 疋 疋<br>疏 疏 疏 |
| | 疏通(성 소, 통할 통) 막히지 아니하고 서로 통함. | |
| **見** | 볼 **견**<br>(見부 0획) | 丨 冂 冂 冃 目 貝 見 |
| | 見解(볼 견, 풀 해) 어떤 사물에 대한 자기의 의견이나 평가. | |
| **機** | 틀 **기**<br>(木부 12획) | 一 十 才 才 才 村 村 杉 杉<br>機 機 機 機 機 機 機 |
| | 機關(틀 기, 빗장 관) 일정한 에너지를 활동시키도록 장치한 기계. | |

## 解組誰逼
### (해조수핍)

【풀이】 관의 끈을 풀고, 즉 사직하고 고향으로 돌아가지 누가 핍박하리요.

| | |
|---|---|
| 풀 **해**<br>(角부 6획) | ´ ⌒ ⌒ ⌒ 角 角 角 解 解<br>解 解 解 解 |

解說(풀 해, 말씀 설) 알기 쉽게 뜻을 풀어서 밝힘.

| | |
|---|---|
| 짤 **조**<br>(糸부 5획) | ´ ⌒ ⌒ 幺 糸 糸 糸 紀 組 組<br>組 組 |

組合(짤 조, 합할 합) 여럿을 모아 한 덩어리가 되게 함.

| | |
|---|---|
| 누구 **수**<br>(言부 8획) | ´ ⌒ ⌒ ⌒ 言 言 言 計 計<br>訃 訃 誰 誰 誰 誰 |

誰某(누구 수, 아무 모) 누구. 아무개.

| | |
|---|---|
| 핍박할 **핍**<br>(辶부 9획) | ´ ⌒ ⌒ ⌒ 戸 戸 畐 畐 畐<br>畐 畐 逼 逼 |

逼迫(핍박할 핍, 닥칠 박) 다그침. 다그쳐 독촉함.

索居閑處
(색거한처)

【풀이】 벼슬에서 물러나면 한가한 곳을 정하고 조용히 살아가야 한다.

| 索 | 찾을 **색**<br>(糸부 4획) | 一 十 卄 卞 本 杢 索 索 索<br>索 |
|---|---|---|
| | 探索(찾을 탐, 찾을 색) 실상을 더듬어서 찾음. | |
| 居 | 살 **거**<br>(尸부 5획) | 一 ⁊ ⼫ ⼫ ⼫ 居 居 居 |
| | 同居(한가지 동, 살 거) 한 집에 같이 삶. | |
| 閑 | 한가할 **한**<br>(門부 4획) | 丨 ⼊ ⼊ ⼊ ⼊ ⼊ 門 門 門 門<br>閒 閑 閑 |
| | 閑散(한가할 한, 흩을 산) 한가하고 적적함. | |
| 處 | 곳 **처**<br>(虍부 5획) | ⼀ ⼀ ⼂ 广 卢 卢 虍 虍 虏 處<br>處 處 |
| | 各處(각각 각, 곳 처) 여러 곳. | |

# 沈默寂寥
## (침묵적료)

【풀이】세상의 번뇌를 피해 자연속에서 사노라면 마음 또한 고요하도다.

| | 고요할 **침**<br>(氵부 4획) | ` ` ` 氵 氵 沙 沈 |
|---|---|---|
| **沈** | 擊沈(부딪칠 격, 고요할 침) 적의 배를 침몰시킴. | |
| **默** | 잠잠할 **묵**<br>(黑부 4획) | ` 口 口 甲 日 日 甲 里 黑<br>黑 黑 黑 黑 默 默 |
| | 默認(잠잠할 묵, 알 인) 말 없는 가운데 승인함. | |
| **寂** | 고요할 **적**<br>(宀부 8획) | ` ` 宀 宀 宀 宁 宇 宇 宋<br>宋 寂 |
| | 靜寂(고요할 정, 고요할 적) 고요하여 괴괴함. | |
| **寥** | 고요할 **료(요)**<br>(宀부 11획) | ` ` 宀 宀 宀 宇 宇 宇 宆<br>宆 宆 宆 宆 寥 |
| | 廖廖(고요할 요, 고요할 요) 쓸쓸하고 고요한 모양. | |

求古尋論
(구고심론)

【풀이】 옛 선현들의 글에서 진리를 구하고 그 마땅한 도리를 찾아 토론한다.

| | | |
|---|---|---|
| **求** | 구할 **구**<br>(水부 2획) | 一 十 十 す す す 求 |
| | 渴求(목마를 갈, 구할 구) 몹시 갈망하여 구함. | |
| **古** | 옛 **고**<br>(口부 2획) | 一 十 十 古 古 |
| | 古典(옛 고, 법 전) 옛날의 법식이나 의식. | |
| **尋** | 찾을 **심**<br>(寸부 9획) | ⊐ ⊐ ⊐ ⊐ ⊐ ⊐ ⊐ 尋 尋<br>尋 尋 尋 |
| | 審問(찾을 심, 물을 문) 물어 봄. 질문함. | |
| **論** | 의논할 **론(논)**<br>(言부 8획) | ` ⊇ ⊇ ⊇ 言 言 言 診 診<br>論 論 論 論 論 論 |
| | 論爭(의논할 논, 다툴 쟁) 말이나 글로 서로 논하여 다툼. | |

## 散慮逍遙
### (산려소요)

【풀이】 세상일을 잊어버리고 자연과 더불어 한가로이 지냄을 말한다.

| 散 | 흩어질 **산**<br>(攵부 8획) | 一 十 卄 뀨 뀨 芇 芇 芇 芇<br>肯 散 散 |
|---|---|---|
| | 分散(나눌 분, 흩어질 산) 이리저리 흩어짐. | |
| 慮 | 생각 **려**<br>(心부 11획) | ' 䒑 ᅳ 广 广 卢 虍 虍 虍<br>虐 虐 虑 慮 慮 慮 |
| | 考慮(상고할 고, 생각 려) 생각하여 봄. | |
| 逍 | 노닐 **소**<br>(辶부 7획) | ' ⺌ ⺌ ⺊ 肖 肖 肖 逍 逍<br>逍 逍 |
| | 逍風(노닐 소, 바람 풍) 갑갑함을 풀기 위하여 바람을 쐼. | |
| 遙 | 멀 **요**<br>(辶부 10획) | ' ク ⺈ ⺈ 夕 夗 夗 乭 鿉<br>鿉 鿉 鿉 遙 遙 |
| | 遙指(멀 요, 손가락 지) 먼 데를 손가락질 함. | |

# 欣奏累遣
## (흔주루견)

【풀이】기쁜일은 아뢰고 누가 될 일은 흘려 보낸다.

| 欣奏累遣 | 기쁠　　흔<br>(欠부　4획) | ´ ｆ ｆ ｆ ｆ′ 欣 欣 欣 |
|---|---|---|
| | 欣快(기쁠 흔, 쾌할 쾌) 마음이 기쁘고 시원함. | |
| | 아뢸　　주<br>(大부　6획) | 一 二 三 声 夫 夫 表 奏 奏 |
| | 奏請(아뢸 주, 청할 청) 상주하여 임금의 재가를 정함. | |
| | 여러　루(누)<br>(糸부　5획) | 丶 冖 冂 田 田 田 甲 里 累<br>累 累 |
| | 累積(여러 누, 쌓을 적) 포개어 쌓음. | |
| | 보낼　　견<br>(辶부　10획) | 丶 冖 口 中 虫 虫 虫 書 書<br>書 書 書 遣 遣 |
| | 派遣(물갈래 파, 보낼 견) 일할 사람에게 사명을 띄워 보냄. | |

# 感謝歡招
## (척사환초)

【풀이】마음 속의 슬픔은 없어지고 기쁨만이 부르는 듯이 오게된다.

| 感 | 슬플 **척**<br>(心부 11획) | ノ 厂 厂 厂 厂 厂 厌 戌 咸<br>咸 咸 感 感 感 |
| | 感慽(슬플 척, 슬플 척) 근심·걱정을 하는 모양. | |
| 謝 | 사례할 **사**<br>(言부 10획) | ` 亠 言 言 言 訁 訁 訁 訠 訠 謝<br>訠 訠 訠 訠 謝 謝 謝 謝 |
| | 謝禮(사례할 사, 예도 례) 고마운 뜻을 나타내는 말이나 금품. | |
| 歡 | 기쁠 **환**<br>(欠부 18획) | ` 艹 节 芦 苜 苜 苜 艹 荗 荗<br>节 节 荙 荙 鞼 鞼 歡 歡 歡 |
| | 歡待(기쁠 환, 기다릴 대) 기쁜 마음으로 대접함. | |
| 招 | 부를 **초**<br>(扌부 5획) | 一 十 才 扎 扣 扣 招 招 |
| | 招待(부를 초, 기다릴 대) 불러서 대접함. | |

渠荷的歷
(거하적력)

【풀이】개천의 연꽃은 아름답고 향기
또한 그윽하여 그 아름다움이
어느 것에도 비길 데가 없다.

| 渠 | 개천 **거**<br>(氵부 9획) | 丶 丶 氵 汀 沪 沪 渠 渠<br>渠 渠 渠 |
| | 渠水(개천 거, 물 수) 땅을 파서 만든 수로<br>(水路). | |
| 荷 | 연꽃 **하**<br>(艹부 7획) | ' ナ ナ ナ 艹 芢 荷 荷<br>荷 荷 |
| | 荷重(연꽃 하, 무거울 중) 짐의 무게. | |
| 的 | 밝을 **적**<br>(白부 3획) | ' 亻 亻 白 白 白 的 的 |
| | 端的(바를 단, 밝을 적) 간단하고 분명함. | |
| 歷 | 역력할 **력**<br>(止부 12획) | 一 厂 厂 厈 厤 厤 厤 厤 厤<br>厤 厤 麻 厤 歷 歷 歷 |
| | 經歷(날 경, 역력할 력) 겪어 지내 온 일들. | |

渠
荷
的
歷

# 園莽抽條
## (원망추조)

【풀이】 동산의 풀들이 무성하여 초목의 작은 가지가 사방으ㄹ 뻗고 크게 자란다.

| | | |
|---|---|---|
| 園 | 동산 **원**<br>(囗부 10획) | 丨 冂 冂 門 問 周 周 周 周 園 園 園 園 |
| | 樂園(즐길 낙, 동산 원) 안락하게 살 수 있는 즐거운 곳. | |
| 莽 | 풀 **망**<br>(艹부 8획) | ` ` ` 艹 莽 莽 莽 莽 莽 莽 |
| | 莽莽(풀 망, 풀 망) 초목이 우거진 모양. | |
| 抽 | 빼낼 **추**<br>(扌부 5획) | 一 十 扌 扌 扣 扣 抽 抽 |
| | 抽籤(빼낼 추, 제비 첨) 제비를 뽑음. | |
| 條 | 가지 **조**<br>(木부 7획) | 丿 亻 亻 亻 仵 仲 攸 攸 條 條 條 |
| | 條約(가지 조, 묶을 약) 조문으로써 약속하는 일. | |

枇杷晩翠
(비파만취)

【풀이】비파나무는 늦은 겨울에도 그 빛이 푸르름을 가지고 있어 곧은 절개를 상징하기도 한다.

| | | |
|---|---|---|
| 枇 | 비파나무 **비**<br>(木부　4획) | 一 十 才 木 木 朴 朴 枇 |
| | 枇杷(비파나무 비, 비파나무 파) 비파나무 열매. | |
| 杷 | 비파나무 **파**<br>(木부　4획) | 一 十 才 木 杠 杠 杷 杷 |
| | 비파나무. 평평하게 함. | |
| 晚 | 늦을　**만**<br>(日부　7획) | 丨 冂 日 日 日' 昭 昭 晚<br>晚 晚 |
| | 晚學(늦을 만, 배울 학) 나이 들어 늦게 공부를 시작함. | |
| 翠 | 푸를　**취**<br>(羽부　8획) | フ ヲ ヨ ヨ ヨヨ ヨヨ ヨヨ 翌<br>翌 翌 翌 翠 翠 |
| | 翠色(푸를 취, 빛 색) 남색과 파란색의 중간색. 비취색. | |

梧桐早凋
(오동조조)

【풀이】 오동나무는 그 잎이 크고 무성하지만 가을이 되면 다른 나무보다 먼저 시들어 말라버린다.

| 梧 | 오동 **오**<br>(木부 7획) | 一 十 才 木 杧 杧 栢 栢 栢<br>梧 梧 |
|---|---|---|
| | 梧桐(오동 오, 오동 동) 오동나무. | |
| 桐 | 오동 **동**<br>(木부 6획) | 一 十 才 木 村 村 杓 桐 桐<br>桐 |
| | 초목이 우거진 모양. | |
| 早 | 이를 **조**<br>(日부 2획) | 丿 冂 日 日 旦 早 |
| | 早期(이를 조, 기약할 기) 이른 시기. 일찍. | |
| 凋 | 시들 **조**<br>(冫부 8획) | 丶 冫 冫 汀 汈 汈 凋 凋 凋<br>凋 |
| | 凋盡(시들 조, 다될 진) 시들어 다함. | |

陳根委翳
(진근위예)

【풀이】시든 나무의 뿌리는 내버려
두면 저절로 말라 죽어 버린
다.

| | | |
|---|---|---|
| 陳 | 오랠 **진**<br>(阝부 8획) | ` ´ ﹁ ﹁ ﹁ ﹁ ﹁ ﹁ ﹁ 陳`<br>陳陳 |
| | 陳腐(오랠 진, 썩을 부) 낡아서 새롭지 못함. | |
| 根 | 뿌리 **근**<br>(木부 6획) | `一 十 才 木 术 朾 相 相 根`<br>根 |
| | 根絶(뿌리 근, 끊을 절) 뿌리째 없애 버림. | |
| 委 | 맡길 **위**<br>(女부 5획) | `´ 二 千 禾 禾 禾 委 委` |
| | 委囑(맡길 위, 부탁할 촉) 사무 처리 따위를 남에게 맡김. | |
| 翳 | 가릴 **예**<br>(羽부 11획) | `一 厂 匸 歺 医 医 医 医`<br>翳 翳 翳 翳 翳 翳 翳 翳 |
| | 翳昧(가릴 예, 새벽 매) 가려서 어두움. | |

落葉飄颻
(락엽표요)

【풀이】 가을이 오면 나뭇잎은 가지에서 떨어져 바람에 나부낀다.

| 落 | 떨어질 **락(낙)**<br>(艹부 9획) | `丶 亠 艹 艹 芍 茨 茨 莎`<br>`莈 莈 落 落` |
|---|---|---|
| | 落島(떨어질 낙, 섬 도) 외따로 떨어져 있는 섬. | |
| 葉 | 잎사귀 **엽**<br>(艹부 9획) | `丶 亠 艹 艹 芦 芦 苺 莊 葉`<br>`葉 葉 葉 葉` |
| | 葉茶(잎사귀 엽, 차 차) 찻잎을 달인 물. | |
| 飄 | 날릴 **표**<br>(風부 11획) | `一 厂 戸 两 两 两 西 罗 票`<br>`票 票 飘 飘 飘 飘 飘 飘 飘` |
| | 飄然(날릴 표, 그러할 연) 나부끼는 모양. | |
| 颻 | 날릴 **요**<br>(風부 10획) | `丿 ク タ タ 名 乭 斧 备 备`<br>`备 备 钅 钅 钅 钅 钅 颻 颻` |
| | 颻颻(날릴 요, 날릴 요) 바람이 불어 흔들리거나 날아 올라가는 모양. | |

# 遊鵾獨運
(유곤독운)

**【풀이】** 곧은 지조를 상징하는 고니는 북해의 큰 봉새로서 홀로 창공을 나는 모습을 그린 것이다.

| | | |
|---|---|---|
| 遊 | 놀      **유**<br>(辶부 9획) | ` ´ ⺼ 方 扩 扩 斿 斿<br>游 游 游 遊 |

遊興(놀 유, 흥할 흥) 흥취있게 놀음.

| | | |
|---|---|---|
| 鵾 | 고니      **곤**<br>(鳥부 8획) | ＼ 冂 日 日 日 旻 昆 昆 昆<br>鴟 鵾 鵾 鵾 鵾 鵾 鵾 鵾 鵾 |

고니.

| | | |
|---|---|---|
| 獨 | 홀로      **독**<br>(犭부 13획) | ´ ⺇ ⺉ ⺘ 犭 犭 犭 犭 犭<br>犸 犸 犸 獨 獨 獨 獨 |

獨白(홀로 독, 흰 백) 연극에서 상대자없이 혼자 말하는 대사.

| | | |
|---|---|---|
| 運 | 움직일      **운**<br>(辶부 9획) | ´ ⺇ ⺳ ⺳ 宀 宐 宐 宣 軍<br>軍 軍 渾 運 |

運搬(움직일 운, 옮길 반) 사람이나 화물을 옮겨 나르는 일.

## 凌摩絳霄
### (릉마강소)

【풀이】고니가 햇살을 받으며 나는 모습이 너무 아름다워 아침해가 뜰 때의 붉은 동쪽 하늘 보다도 돋보인다.

| | | |
|---|---|---|
| 凌 | 업신여길 **릉(능)**<br>(冫부  8획) | 凌凌凌凌凌凌凌凌凌<br>凌 |
| | 凌駕(업신여길 능, 멍에 가) 업신여기어 욕을 보임. | |
| 摩 | 미칠 **마**<br>(手부 11획) | 丶亠广广庐庐庐庐庐<br>庐庐摩摩庭摩 |
| | 摩擦(미칠 마, 비빌 찰) 뜻이 맞지 않아서 옥신각신함. | |
| 絳 | 붉을 **강**<br>(糸부  6획) | 纟纟纟纟纟糸糸紒終<br>終終絳 |
| | 絳英(붉을 강, 꽃부리 영) 붉은 꽃잎. | |
| 霄 | 하늘 **소**<br>(雨부  7획) | 一广广需需需需需需<br>雫雫雫霄霄霄 |
| | 霄壤(하늘 소, 흙 양) 하늘과 땅. 매우 큰 차이. | |

耽讀翫市
(탐독완시)

【풀이】 한나라의 왕충은 독서를 좋아하였으나 가난하여 항상 시장 안에 있는 서점앞에 서서 책을 읽었다.

| 耽 | 즐길 **탐** (耳부 4획) | ˊ ˊ ˊ ˊ ˊ ˊ ˊ ˊ 耽 |
|---|---|---|
| | 耽美(즐길 탐, 맛 미) 깊이 맛보거나 음미함. | |
| 讀 | 읽을 **독** (言부 15획) | ˋ ˊ ˊ ˊ ˊ ˊ ˊ ˊ ˊ 讀 讀 讀 讀 讀 讀 讀 讀 讀 |
| | 判讀(판가름할 판, 읽을 독) 뜻을 헤아리며 책을 읽음. | |
| 翫 | 구경할 **완** (羽부 9획) | ˊ ˊ ˊ ˊ ˊ ˊ ˊ ˊ 翫 翫 翫 翫 翫 翫 |
| | 翫物(구경할 완, 만물 물) 장난감. | |
| 市 | 시장 **시** (巾부 2획) | ˋ ˊ ˊ ˊ 市 |
| | 市價(시장 시, 값 가) 상품이 매매되는 시장의 가격. | |

寓目囊箱
(우목낭상)

【풀이】왕충은 글을 한 번 읽으면 잊
지 아니하여 주머니나 상자속
에 넣어두는 것과 같았다.

| 寓 | 붙일 우<br>(宀부 9획) | ` 丶 丷 宀 宀 宁 宇 宇 寓<br>寓 寓 寓 |
|---|---|---|

**寓意**(붙일 우, 뜻 의) 다른 사물에 빗대서
은연중 어떤 의미를 비춤.

| 目 | 눈 목<br>(目부 0획) | 丨 冂 冂 月 目 |
|---|---|---|

**目擊**(눈 목, 부딪칠 격) 눈으로 직접 봄.

| 囊 | 주머니 낭<br>(口부 19획) | ` 亠 宀 宀 由 由 由 亩 亩<br>重 重 重 嚢 嚢 嚢 嚢 嚢 嚢 |
|---|---|---|

**囊中**(주머니 낭, 가운데 중) 주머니나 자루
의 안.

| 箱 | 상자 상<br>(竹부 9획) | ノ 广 片 牜 竺 竺 竺 竺 竿<br>笃 箱 箱 箱 箱 箱 |
|---|---|---|

상자. 물건을 담는 그릇.

# 易輶攸畏 (이유유외)

【풀이】 사람은 가볍게 움직이고 쉽게 말하는 것을 두려워 해야 한다.

| 易 | 쉬울 이 (日부 4획) | 丨 冂 日 日 月 昜 昜 易 |
|---|---|---|
| | 容易(얼굴 용, 쉬울 이) 쉬움. 매우 쉬움. | |
| 輶 | 가벼울 유 (車부 9획) | 一 ㄏ 丙 亘 亘 亘 車 車 車` 軒 軒 輏 輏 輶 輶 輶 |
| | 수레가 가벼움. | |
| 攸 | 바 유 (攵부 3획) | 丿 亻 亻 攸 攸 攸 攸 |
| | 攸好德(바 유, 좋을 호, 덕 덕) 오복(五福)의 하나. 도덕 지키기를 낙으로 삼는 일. | |
| 畏 | 두려울 외 (田부 4획) | 丨 冂 日 田 田 罒 畏 畏 畏 |
| | 敬畏(공경할 경, 두려울 외) 공경하고 두려워 함. | |

屬耳垣墻
(속이원장)

【풀이】 벽에도 귀가 있다는 말과 가이 경솔히 말하는 것을 조심해야 한다.

屬

| 붙일 **속**<br>(尸부 18획) | ﹁ ﹁ ﹁ ﹁ ﹁ ﹁ ﹁ ﹁ ﹁<br>屫 屫 屬 屬 屬 屬 屬 屬 屬 |
|---|---|

屬國(붙일 속, 나라 국) 정치적으로 다른 나라에 매여 있는 나라.

耳

| 귀 **이**<br>(耳부 0획) | ﹁ ﹁ ﹁ ﹁ ﹁ 耳 |
|---|---|

耳環(귀 이, 고리 환) 귀고리.

垣

| 담 **원**<br>(土부 6획) | ﹣ ﹣ ﹣ ﹣ ﹣ 垣 垣 垣 垣 |
|---|---|

垣墻(담 원, 담 장) 담장. 담.

墻

| 담 **장**<br>(土부 13획) | ﹣ ﹣ ﹣ ﹣ ﹣ ﹣ ﹣ ﹣ ﹣<br>墻 墻 墻 墻 墻 墻 墻 |
|---|---|

墻面(담 장, 낯 면) 담을 대하고 있으면 아무것도 보이지 않는 것으로, '무식함'을 일컬음.

# 具膳飧飯
## (구선손반)

【풀이】 반찬을 갖추어 밥을 먹는다는 뜻이다.

| | | |
|---|---|---|
| 具 | 갖출 구<br>(八부 6획) | 丨 冂 冂 月 目 且 具 具 |
| | 具色(갖출 구, 빛 색) 필요한 물건을 고루 갖춤. | |
| 膳 | 반찬 선<br>(月부 12획) | 丿 几 月 月 月' 月'' 月ᅭ 月⺷ 月⺷ 月羊 月羊 膳 膳 膳 膳 膳 |
| | 膳賜(반찬 선, 줄 사) 정표로 물건을 줌. | |
| 飧 | 밥 손<br>(食부 4획) | 一 ㄱ 歹 歹 歹 歹人 歹人 歹今 歹今 歹今 飧 飧 飧 |
| | 저녁밥. (밥을)짓다. 말다. | |
| 飯 | 밥 반<br>(食부 4획) | 丿 𠆢 𠆢 今 今 今 食 食 食 飠 飠 飯 飯 |
| | 飯店(밥 반, 가게 점) 음식점. 요리점. | |

# 適口充腸
## (적구충장)

【풀이】 좋은 음식이 아니라도 입에 맞으면 배를 채운다.

| 適 | 맞을 **적** (辶부 11획) | `丶 亠 疒 疒 商 商 商 商 商 商 商 商 商 商 商 商 商 商 商 商` |
| | 快適(쾌할 쾌, 맞을 적) 심신에 적합하여 기분이 썩 좋음. | |
| 口 | 입 **구** (口부 0획) | `丨 口 口` |
| | 口頭(입 구, 머리 두) 직접 입으로 하는 말. | |
| 充 | 채울 **충** (儿부 4획) | `丶 亠 亠 云 产 充` |
| | 充塡(채울 충, 메울 전) 집어넣어서 막음. 채우는 일. | |
| 腸 | 창자 **장** (月부 9획) | `丿 刀 月 月 肝 肝 肥 胆 胆 腸 腸 腸 腸` |
| | 大腸(큰 대, 창자 장) 큰 창자. | |

## 飽飫烹宰
### (포어팽재)

【풀이】 배가 부를 때에는 아무리 좋은 음식이라도 그 맛을 모른다. 팽재란 삶은 고기에 갖은 양념을 한 것으로 진수 성찬을 말한다.

| | | |
|---|---|---|
| 飽 | 배부를 **포**<br>(食부 5획) | ノ ノ ガ 今 今 今 育 育 食<br>飠 飠 釣 釣 釣 飽 |
| | 飽滿(배부를 포, 찰 만) 음식을 많이 먹어서 배가 가득함. | |
| 飫 | 배부를 **어**<br>(食부 4획) | ノ ノ ガ 今 今 今 育 育 食<br>飠 飠 飫 飫 |
| | 飫聞(배부를 어, 들을 문) 듣기 싫도록 여러 번 들음. | |
| 烹 | 삶을 **팽**<br>(灬부 7획) | ﹅ 一 亠 亠 盲 亨 亨 亨 亨<br>烹 烹 |
| | 烹割(삶을 팽, 나눌 할) 음식을 조리함. | |
| 宰 | 재상 **재**<br>(宀부 7획) | ﹅ 丷 宀 宀 宀 宰 宰 宰 宰<br>宰 |
| | 主宰(주인 주, 재상 재) 책임지고 맡아 처리함. | |

# 飢厭糟糠
## (기염조강)

【풀이】 반대로 배가 고플때에는 술찌 게미와 쌀겨라도 맛이 있다.

| 飢 | 배고플 **기** (食부 2획) | ノ ノ ゾ ゾ ゲ 今 今 斉 食 食 飢 |
| | 飢饉(배고플 기, 흉년들 근) 흉년으로 양식이 매우 부족함. | |
| 厭 | 싫을 **염** (厂부 12획) | 一 厂 厂 厂 厂 厂 厂 厄 厄 厄 厄 厭 厭 厭 |
| | 厭世(싫을 염, 인간 세) 세상을 싫어함. | |
| 糟 | 술찌게미 **조** (米부 11획) | ⺀ ⺀ ⺀ 半 半 米 米 粐 粐 粐 糟 糟 糟 糟 糟 糟 糟 |
| | 糟糠(술찌게미 조, 겨 강) 술지게미와 쌀겨. 거친 식사, 또는 가난한 살림. | |
| 糠 | 겨 **강** (米부 11획) | ⺀ ⺀ ⺀ 半 半 米 米 米 粐 粐 粐 粐 糠 糠 糠 糠 糠 糠 |
| | 糠粃(겨 강, 쭉정이 비) 겨와 쭉정이. 가치 없는 것의 비유. | |

## 親戚故舊
### (친척고구)

【풀이】 가까운 일가나 옛 친구는 서로 가깝게 지내야 한다. 친은 아버지 쪽의 일가이고, 척은 어머니 쪽의 일가를 말하며, 고구는 옛 친구를 말한다.

| | | |
|---|---|---|
| 親 | 친할 **친**<br>(見부 9획) | ` ` ` ` ` ` ` ` ` ` ` ` ` ` ` ` ` ` ` `<br>親 親 親 親 親 親 親 |
| | **親分**(친할 친, 나눌 분) 가깝고 친한 정분. | |
| 戚 | 겨레 **척**<br>(戈부 7획) | ノ 厂 厂 厂 戌 戌 戌 戚<br>戚 戚 |
| | **戚臣**(겨레 척, 신하 신) 임금과 외척이 되는 신하. | |
| 故 | 연고 **고**<br>(攵부 5획) | 一 十 十 古 古 甘 故 故 故 |
| | **故國**(연고 고, 나라 국) 역사가 긴 나라, 전에 살던 나라. | |
| 舊 | 옛 **구**<br>(臼부 12획) | ` ` ` ` ` 艹 艹 莳 莳 莳<br>萑 萑 萑 舊 舊 舊 舊 舊 舊 |
| | **守舊**(지킬 수, 옛 구) 구습을 지킴. | |

## 老少異糧
### (로소이량)

【풀이】 노인과 소년의 음식은 달라야 한다.

| 老 | 늙을　　로<br>(老부　0획) | 一 十 土 耂 老 老 |
|---|---|---|
| | 敬老(공경할 공, 늙을 로) 노인을 공경함. | |
| 少 | 어릴　　소<br>(小부　1획) | ｜ ｊ 小 少 |
| | 少年(어릴 소, 해 년) 아주 어리지도 성숙되지도 않은 남자아이. | |
| 異 | 다를　　이<br>(田부　6획) | 丶 口 口 田 田 田 甲 異 異 異 |
| | 差異(어긋날 차, 다를 이) 서로 차가 있고 다름. | |
| 糧 | 양식　　량<br>(米부　12획) | 丶 丷 丷 半 米 米 米 粃 粃 粃 粃 粯 粮 糧 糧 糧 糧 糧 |
| | 軍糧(군사 군, 양식 량) 군대의 양식. | |

【풀이】 남편은 밖에서 일하고 아내는 집안에서 길쌈을 하여 가족들에게 옷을 지어 입히는 일을 한다.

| 妾 | 첩 **첩** (女부 5획) | ` ` ` ` ` ` ` 立 产 妾 妾 |
|---|---|---|
| | 小妾(작을 소, 첩 첩) 여자가 자신을 낮추어 일컫는 말. | |
| 御 | 아내 **어** (彳부 8획) | ` ` ` ` ` ` ` 徉 徉 御 御 |
| | 御札(아내 어, 패 찰) 임금의 편지. | |
| 績 | 길쌈 **적** (糸부 11획) | ` ` ` ` ` ` ` 糸 紅 結 績 績 績 績 績 績 績 |
| | 紡績(지을 방, 길쌈 적) 길쌈함. 실을 잣고 베를 짬. | |
| 紡 | 길쌈 **방** (糸부 4획) | ` ` ` ` ` ` ` 糸 紡 紡 |
| | 紡織(길쌈 방, 짤 직) 기계를 이용하여 피륙을 짜는 일. | |

# 侍巾帷房
## (시건유방)

【풀이】아내는 남편이 씻는 동안 수건을 들고 기다렸다가, 안방으로 모신다.

| | |
|---|---|
| 모실 **시**<br>(亻부 6획) | ノ 亻 亻 亻 仕 佳 侍 侍 |
| 侍醫(모실 시, 의원 의) 궁중에서 임금, 왕족의 진료를 맡은 의사. | |
| 수건 **건**<br>(巾부 0획) | 丨 冂 巾 |
| 巾布(수건 건, 베 포) 두건(頭巾)을 만드는 베. | |
| 장막 **유**<br>(巾부 8획) | 丨 冂 巾 忄 忭 忭 忭 帪 帪<br>帷 帷 |
| 휘장. 장막. 덮다. 가리다. | |
| 방 **방**<br>(戶부 4획) | 丶 亠 亖 尸 户 房 房 房 |
| 房貰(방 방, 세낼 세) 방을 빌린 세. | |

紈扇圓潔
(환선원결)

【풀이】 방안에는 둥글고 깁이 달린 부채(환선)가 놓여 있다. 깁은 명주실로 거칠게 짠 비단을 일컫는다.

| | | |
|---|---|---|
| 紈 | 깁 **환**<br>(糸부 3획) | ′ ′ ′ ′ ′ ′ ′ ′ 糸 糺 紈 紈 |
| | 紈扇(깁 환, 부채 선) 흰 비단으로 된 부채. | |
| 扇 | 부채 **선**<br>(戶부 6획) | ′ ′ ′ ′ 戶 戶 戶 扇 扇 扇 |
| | 扇風機(부채 선, 바람 풍, 기계 기) 전기의 힘으로 회전하여 바람을 일으키는 기계. | |
| 圓 | 둥글 **원**<br>(口부 10획) | ′ ′ ′ ′ ′ ′ ′ 圓 圓 圓<br>圓 圓 圓 圓 |
| | 圓柱(둥글 원, 기둥 주) 둥근 기둥. | |
| 潔 | 맑을 **결**<br>(氵부 12획) | ′ ′ ′ ′ ′ ′ ′ ′ 潔 潔<br>潔 潔 潔 潔 潔 潔 |
| | 淸潔(맑을 청, 깨끗할 결) 맑고 깨끗함. | |

銀燭煒煌
(은촉위황)

【풀이】 은촛대의 촛불은 빛나서 방안이 휘황찬란하다.

| 銀 | 은 　 　 은<br>(金부 6획) | ノ ト ヒ ヒ ヒ キ キ キ キ キ 金 釒<br>釤 釘 鉀 鉬 銀 |
|---|---|---|
| | 銀幕(은 은, 막 막) 영화의 영사막. 영화계. | |
| 燭 | 촛불 　 촉<br>(火부 13획) | ` ` ナ 火 火 火' 火' 火' 火'<br>炉 烆 焟 焊 煟 焯 燭 燭 | 
| | 華燭(빛날 화, 촛불 촉) 빛까 들인 밀초. 호화로운 등불. | |
| 煒 | 빛날 　 위<br>(火부 9획) | ` ` ナ 火 火' 火' 炉 炉 炉<br>炬 煒 煒 煒 |
| | 煒煌(빛날 위, 빛날 황) 눈부시게 빛남. | |
| 煌 | 빛날 　 황<br>(火부 9획) | ` ` ナ 火 火' 火' 炉 炉 炉<br>炉 炉 煌 煌 |
| | 煌星(빛날 황, 별 성) 별이 반짝거림. | |

## 晝眠夕寐 (주면석매)

【풀이】 낮에 잠깐 졸고 밤에 깊은 잠을 자니 태평스럽고 안정된 생활을 일컫는다.

| | | |
|---|---|---|
| 晝 | 낮 주 (日부 7획) | ㇇ ⺕ ⺕ ⺕ 聿 聿 聿 書 書 書 晝 |
| | 晝間(낮 주, 사이 간) 낮. 낮 동안. | |
| 眠 | 잘 면 (目부 5획) | 丨 ⺆ ⺆ 月 目 目 目 眀 眠 眠 |
| | 冬眠(겨울 동, 잘 면) 겨울잠. | |
| 夕 | 저녁 석 (夕부 0획) | ノ ク 夕 |
| | 夕刊(저녁 석, 책펴낼 간) 석간 신문. | |
| 寐 | 잘 매 (宀부 9획) | 丶 丶 宀 宀 宀 宀 宀 宀 宀 寐 寐 寐 |
| | 夢寐(꿈 몽, 잘 매) 잠을 자며 꿈을 꿈. | |

# 藍筍象床
## (람순상상)

【풀이】 쪽빛 나는 대쪽으로 만든 자리와 상아로 만든 침상에서 지내니 부족함이 없는 태평세월을 뜻한다.

| 쪽    람(남) <br> (++부 14획) | `ㅡ ㅜ ㅕ 샤 ㅆ 芷 芷 莐 藍 藍 藍 藍 藍 藍 藍 藍 藍` |
|---|---|
| 藍靑(쪽 남, 푸를 청) 짙고 검푸른 빛. | |
| 대순    순 <br> (竹부 6획) | `ㅡ ㅏ ㅊ ㅊ 竹 竹 竻 竻 筍 筍 筍` |
| 竹筍(대 죽, 대순 순) 대의 어리고 연약한 싹. | |
| 코끼리    상 <br> (豕부 5획) | `ㅗ ㅗ ㅊ 勹 侴 侴 兔 兔 象 象 象` |
| 象牙(코끼리 상, 어금니 아) 코끼리의 어금니. | |
| 상    상 <br> (广부 4획) | `ㅡ ㅜ 广 广 庐 床 床` |
| 床石(상 상, 돌 석) 무덤 앞에 세운 상돌. | |

# 絃歌酒讌
## (현가주연)

**【풀이】** 거문고를 타며 술과 노래로 잔치함을 말한다.

| | | |
|---|---|---|
| 絃 | 줄 **현**<br>(糸부 5획) | ` ⺈ ⺈ ⺀ ⺀ 糸 糸 紅 絃`<br>絃 絃 |
| | 管絃(피리 관, 줄 현) 관악기와 현악기. | |
| 歌 | 노래 **가**<br>(欠부 10획) | `一 ⺄ ⺄ ⺄ 哥 哥 哥 哥 哥`<br>哥 哥 歌 歌 歌 |
| | 歌唱(노래 가, 노래 창) 노래. 노래를 부름. | |
| 酒 | 술 **주**<br>(酉부 3획) | `⺀ ⺀ ⺀ ⺀ 沪 沪 沪 酒 酒 酒`<br>酒 |
| | 酒客(술 주, 손 객) 술을 좋아하는 사람. | |
| 讌 | 잔치 **연**<br>(言부 16획) | `⺀ 言 言 訐 訐 訐 訐 訐 訐`<br>訐 訐 訐 訐 讌 讌 讌 讌 |
| | 讌會(잔치 연, 모일 회) 여러 사람을 모아 베푸는 잔치. | |

接杯擧觴
(접배거상)

【풀이】작고 큰 술잔을 서로 받으며
잔치를 즐기는 모습이다.

| | | |
|---|---|---|
| 接 | 이을 **접**<br>(才부 8획) | 一 扌 扌 扩 扩 护 护 按<br>接 接 |
| | 接待(이을 접, 기다릴 대) 손에게 음식을 차<br>려서 대우함. | |
| 杯 | 잔 **배**<br>(木부 4획) | 一 十 オ 木 杓 杯 杯 杯 |
| | 祝杯(빌 축, 잔 배) 축하의 뜻으로 마시는<br>술. 또는 그 술잔. | |
| 擧 | 들 **거**<br>(手부 14획) | ′ ′ ′ ′ ′ ′ ′ ′ ′ ′<br>與 與 與 與 與 與 擧 擧 |
| | 擧事(들 거, 일 사) 큰 일을 일으킴. | |
| 觴 | 잔 **상**<br>(角부 11획) | ′ ′ ′ 角 角 角 角 角 角<br>角 角 角 觴 觴 觴 觴 觴 觴 |
| | 觴酌(잔 상, 따를 작) 술잔을 주고받음. | |

矯手頓足
(교수돈족)

【풀이】손을 들고 발을 움직이며 춤을 춘다.

| | |
|---|---|
| **矯** | 바로잡을 **교** (矢부 12획)    ノ ト 上 쏘 矢 矢 矢 矢 矢 矯 矯 矯 矯 矯 矯 矯 矯 |
| | 矯風(바로잡을 교, 바람 풍) 나쁜 풍속을 개량함. |
| **手** | 손      **수** (手부 0획)    ノ 二 三 手 |
| | 手藝(손 수, 재주 예) 손으로 하는 기예. |
| **頓** | 두드릴   **돈** (頁부 4획)    一 屯 屯 屯 屯 屯 頓 頓 頓 頓 頓 頓 頓 |
| | 整頓(가지런할 정, 두드릴 돈) 가지런히 하여 바로 잡음. |
| **足** | 발      **족** (足부 0획)    丶 口 口 口 足 足 足 |
| | 足跡(발 족, 자취 적) 발자국. 지내오거나 겪어온 자취. |

# 悅豫且康
## (열예차강)

【풀이】 이상과 같이 술 마시고 노래 부르고 춤을 추니 즐겁고, 사는 것이 편안하기 그지 없다.

| | | |
|---|---|---|
| **悅** | 기쁠　**열**<br>(忄부　7획) | ` , , 忄 忄 忄 忄 忡 忙 悅`<br>悅 |
| | 悅愛(기쁠 열, 사랑 애) 기뻐하고 사랑함. | |
| **豫** | 미리　**예**<br>(豕부　9획) | ` ⁊ ⁊ 孒 予 予' 矛 矛 矛`<br>豫 矛 豫 豫 豫 豫 豫 | 
| | 豫託(미리 예, 부탁할 탁) 부탁하여 맡겨 둠. | |
| **且** | 또　**차**<br>(一부　4획) | ` l 冂 円 月 且` |
| | 苟且(진실로 구, 또 차) 군색스럽고 구구함. | |
| **康** | 편안할　**강**<br>(广부　8획) | ` ⁁ ⁁ 广 庁 庁 户 庐 庚 康`<br>康 康 |
| | 小康(작을 소, 편안할 강) 소란하던 세상이 조금 안정됨. | |

嫡後嗣續
(적후사속)

【풀이】적실, 즉 맏아들은 부모의 뒤를 계승하여 대를 잇는다.

| 嫡 | 맏이 **적** (女부 11획) | ⺄ ⼥ ⼥ ⼥ ⼥ ⼥ ⼥ ⼥ ⼥ 嫡 嫡 嫡 嫡 嫡 |
|---|---|---|
| | 摘出(맏이 적, 날 출) 정실의 몸에서 태어남. | |
| 後 | 뒤 **후** (彳부 6획) | ⼃ ⼃ ⼃ 彳 往 往 往 後 後 |
| | 後悔(뒤 후, 뉘우칠 회) 전의 잘못을 깨닫고 뉘우침. | |
| 嗣 | 이을 **사** (口부 10획) | ⼁ ⼍ ⼍ ⼍ ⼍ 冎 冎 冎 冎 嗣 嗣 嗣 嗣 嗣 |
| | 後嗣(뒤 후, 이을 사) 대(代)를 잇는 아들. | |
| 續 | 이을 **속** (糸부 15획) | ⼂ ⼚ ⼚ 糸 糸 糸 絲 絲 絲 績 績 績 續 續 續 續 續 續 續 |
| | 相續(서로 상, 이을 속) 다음 차례에 이어주거나 이어받음. | |

祭祀蒸嘗
(제사증상)

【풀이】맏아들은 조상의 제사를 모셔
야 한다. 겨울제사는 증이라
하고 가을제사는 상이라 한
다.

| 祭 | 제사 **제**<br>(示부 6획) | ＇ク夕夕夕 奴奴祭祭<br>祭祭 |
| | 祭壇(제사 제, 단 단) 제사를 지내는 단. | |
| 祀 | 제사 **사**<br>(示부 3획) | ＝＝ｆ示示和祀祀<br> |
| | 祀典(제사 사, 법 전) 제사의 의식. | |
| 蒸 | 찔 **증**<br>(艹부 10획) | ＇＋屮屮芳芬芽芽蒸<br>蒸蒸蒸蒸蒸 |
| | 蒸溜(찔 증, 물방울 류) 액체를 가열하여 생긴 증기를 다시 액화, 성분을 분리·정제함. | |
| 嘗 | 맛볼 **상**<br>(口부 11획) | ＇＇＇＇呰呰嘗嘗嘗嘗<br>嘗嘗嘗嘗嘗 |
| | 嘗糞(맛볼 상, 똥 분) 똥을 맛본다는 뜻으로, 지나친 아첨을 일컫는 말. 또는 지극한 효성을 일컬음. | |

稽顙再拜
(계상재배)

【풀이】제사를 지낼 때는 이마를 조아리며 조상에게 두 번 절한다.

| | | |
|---|---|---|
| 稽 | 조아릴　계<br>(禾부　10획) | ′ ′ ′ ′ ′ ′ ′ ′ ′ ′ ′ ′ ′ ′ ′ ′ ′ ′ ′ ′ ′ ′ ′ ′ ′ 稽 稽 稽 稽 稽 稽 |
| | 稽首(조아릴 계, 머리 수) 머리가 땅에 닿도록 공손히 절을 함. | |
| 顙 | 이마　상<br>(頁부　10획) | ′ ′ ′ ′ ′ ′ ′ ′ ′ ′ ′ ′ ′ ′ ′ ′ ′ ′ ′ 顙 顙 顙 顙 顙 顙 顙 顙 顙 顙 |
| | 顙汗(이마 상, 땀 한) 이마의 땀. | |
| 再 | 두번　재<br>(冂부　4획) | ′ ′ ′ ′ ′ ′ 再 再 再 再 再 再 |
| | 再考(두번 재, 상고할 고) 다시 생각함. 고쳐 생각함. | |
| 拜 | 절　배<br>(手부　5획) | ′ ′ ′ ′ ′ ′ ′ ′ ′ ′ 拜 拜 |
| | 拜上(절 배, 위 상) 삼가 절하고 올림. | |

# 悚懼恐惶
## (송구공황)

【풀이】또한 제사를 지낼 때는 송구하고 공황하니 엄숙하고 공경함이 극진한 자세로 추모하여야 한다.

| | | |
|---|---|---|
| 悚 | 두려울 **송**<br>(忄부 7획) | 丶 ノ 忄 忄 忄 忤 忤 悚 悚<br>悚 |
| | 惶悚(두려울 황, 두려울 송) 높은 지위에 눌려 두려움. | |
| 懼 | 두려울 **구**<br>(忄부 18획) | 丶 丶 忄 忄' 忄" 忄" 忄" 忄" 忄"<br>忄" 忄" 忄" 忄" 忄" 惟 懼 懼 懼 |
| | 畏懼(두려워할 외, 두려울 구) 염려되고 두려워하는 마음. | |
| 恐 | 두려울 **공**<br>(心부 6획) | 一 丁 工 瓦 巩 巩 巩 恐 恐<br>恐 |
| | 恐喝(두려울 공, 꾸짖을 갈) 무섭게 으르고 위협함. | |
| 惶 | 두려울 **황**<br>(忄부 9획) | 丶 丶 忄 忄' 忄' 忄' 忄' 忄' 惶<br>惶 惶 惶 |
| | 惶感(두려울 황, 느낄 감) 황송하고 감격함. | |

# 牋牒簡要 (전첩간요)

【풀이】 글과 편지는 꼭 해야 할 말만 을 간략하게 하는 것이 중요하다.

## 牋

편지 **전**
(片부 8획)

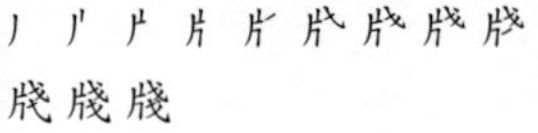

편지. 종이.

## 牒

편지 **첩**
(片부 9획)

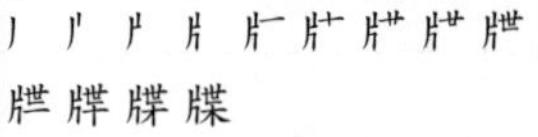

**牒知**(편지 첩, 종이 지) 대한제국 때, 판임관의 임명서.

## 簡

간략할 **간**
(竹부 12획)

**簡便**(간략할 간, 편할 편) 간단하고 편리함.

## 要

중요할 **요**
(襾부 3획)

**要緊**(중요할 요, 굳게얽을 긴) 매우 필요함.

# 顧答審詳
## (고답심상)

【풀이】 웃어른께 대답할 때는 자세히
살펴 겸손한 태도로 말한다.

| 顧 | 돌아볼 고<br>(頁부 12획) | ` ` ` 户 户 户 户 庐 庐<br>庐 雇 雇 厵 厵 顧 顧 顧 顧 顧 |
|---|---|---|
| | 顧慮(돌아볼 고, 생각할 려) 다시 돌이켜<br>생각함. | |
| 答 | 대답 답<br>(竹부 6획) | ノ ト ト 灰 灰 灰 灰 竹 竹<br>쏫 答 答 |
| | 答辯(대답 답, 말잘할 변) 물음에 대답하여<br>말함. | |
| 審 | 살필 심<br>(宀부 12획) | ` ` 宀 宀 宀 宀 宇 宇 宇<br>宋 宋 窯 窯 審 審 |
| | 審問(살필 심, 물을 문) 상세히 따져서 물<br>음. | |
| 詳 | 자세할 상<br>(言부 6획) | ` ー ト 言 言 言 言 言 言<br>言 訂 訂 詳 詳 |
| | 詳考(자세할 상, 상고할 고) 자세히 참고함.<br>자세히 검토함. | |

# 骸垢想浴
## (해구상욕)

【풀이】 몸에 때가 끼면 목욕할 생각을 해야 한다.

| 骸 | 뼈　해<br>(骨부　6획) | `丨冂冂冎冎咼骨骨`<br>`骨骨骭骸骸骸骸骸` |
|---|---|---|
| | 遺骸(끼칠 유, 뼈 해) 화장하고 남은 뼈. | |
| 垢 | 때　구<br>(土부　6획) | `一十土圹圹圻垢垢垢` |
| | 無垢(없을 무, 때 구) 몸과 마음이 깨끗함. | |
| 想 | 생각할　상<br>(心부　9획) | `一十才木术机相相相相`<br>`相想想想` |
| | 幻想(변할 환, 생각할 상) 현실을 떠난 부질없는 생각. | |
| 浴 | 목욕할　욕<br>(氵부　7획) | `丶丶氵氵氵浐浐浴浴`<br>`浴` |
| | 溫浴(따뜻할 온, 목욕할 욕) 더운 물로 목욕함. | |

# 執熱願涼
## (집열원량)

【풀이】 부주의하여 뜨거운 것을 잡았을 때는 찬물이나 서늘한 물건으로 식혀야 한다.

| | |
|---|---|
| 執 | 잡을 **집**<br>(土부 8획)　　一 十 土 キ ネ 金 幸 幸 執<br>執 執 |
| | 固執(굳을 고, 잡을 집) 자기 의견만을 내세움. |
| 熱 | 뜨거울 **열**<br>(灬부 11획)　　一 十 土 キ ぇ 索 索 索 執<br>執 執 執 執 執 熱 熱 |
| | 熱中(뜨거울 열, 가운데 중) 정신을 한곳으로 쏟아 골몰함. |
| 願 | 원할 **원**<br>(頁부 10획)　　一 厂 厂 斤 斤 盾 盾 盾 原<br>原 原 原 原 原 願 願 願 願 |
| | 念願(생각할 염, 바랄 원) 늘 생각하고 간절히 바람. |
| 涼 | 서늘할 **량**<br>(氵부 8획)　　丶 丶 氵 氵 氵 浐 浐 浐 涼<br>涼 涼 |
| | 荒凉(거칠 황, 서늘할 량) 황폐하여 거칠고 쓸쓸함. |

# 驢騾犢特
## (려라독특)

【풀이】 나귀와 노새와 송아지 등 가축을 말한다.

| | | |
|---|---|---|
| 驢 | 나귀 **려**<br>(馬부 16획) | 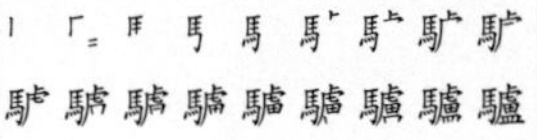 |
| | 驢馬(나귀 려, 말 마) 당나귀. | |
| 騾 | 노새 **라**<br>(馬부 11획) | 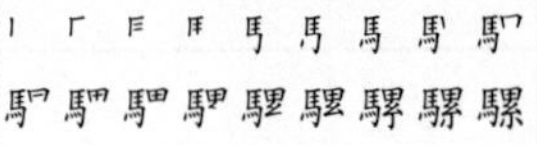 |
| | 騾驢(노새 라, 나귀 려) 노새와 당나귀. | |
| 犢 | 송아지 **독**<br>(牛부 15획) | 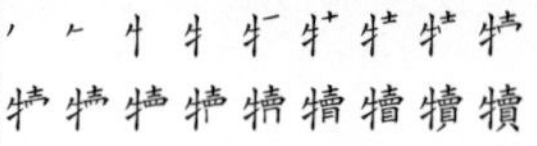 |
| | 犢角(송아지 독, 뿔 각) 송아지의 뿔. | |
| 特 | 특별할 **특**<br>(牛부 6획) | 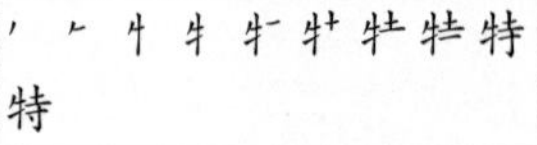 |
| | 特產(특별할 특, 낳을 산) 그 지방에서 특별히 생산되는 물건. | |

| 駭躍超驤<br>(해약초양) | 【풀이】 뛰고 달리며 노는 가축의 모<br>습을 말한다. |
| --- | --- |

| 駭 | 놀랄 **해**<br>(馬부 6획) | 丨 厂 匚 匚 匚 馬 馬 馬 馬<br>馬 馬 馿 馿 駭 駭 駭 |
| --- | --- | --- |
| | 駭異(놀랄 해, 다를 이) 놀라서 수상하게 여<br>김. | |
| 躍 | 뛸 **약**<br>(足부 14획) | 丶 冖 口 貝 貝 昆 足 足 足<br>足 趵 趵 趵 跙 躍 躍 躍 躍 躍 | 
| | 躍動(뛸 약, 움직일 동) 생기있게 움직임. | |
| 超 | 뛰어넘을 **초**<br>(走부 5획) | 一 十 土 卡 丰 走 走 起 起<br>起 超 超 |
| | 超然(뛰어넘을 초, 그러할 연) 세속 따위에<br>얽매이지 않는 모양. | |
| 驤 | 달릴 **양**<br>(馬부 17획) | 馬 馬 馬 馬 馬 馬 馬 馬 馬<br>馬 馬 馬 驆 驤 驤 驤 驤 驤 |
| | 고개를 들다. 달리다. | |

誅斬賊盜
(주참적도)

**【풀이】** 사람을 해친자나 도적은 목을 베어 처벌한다.

| 誅 | 벨 **주**<br>(言부 6획) | 丶 亠 亠 亖 亖 言 言 訃<br>訃 許 誅 誅 |
|---|---|---|
| | 誅求(벨 주, 구할 구) 엄하게 책망하여 백성의 재물을 강제로 빼앗음. | |
| 斬 | 벨 **참**<br>(斤부 7획) | 一 亠 亣 亘 車 車 斬 斬<br>斬 斬 |
| | 斬首(벨 참, 머리 수) 머리를 베어 죽임. | |
| 賊 | 해칠 **적**<br>(貝부 6획) | 丨 冂 冂 目 目 貝 貝 財 財<br>財 賊 賊 賊 |
| | 逆賊(거스를 역, 도적 적) 제 나라 또는 임금에게 반역하는 사람. | |
| 盜 | 훔칠 **도**<br>(皿부 7획) | 丶 丶 冫 氵 浐 浐 次 次 沒<br>沒 盜 盜 |
| | 盜聽(훔칠 도, 들을 청) 몰래 엿들음. | |

捕獲叛亡
(포획반망)

【풀이】반란을 일으키거나 죄를 짓고 도망치는 사람은 잡아들여 벌을 내린다.

| 捕 | 잡을 **포**<br>(扌부 7획) | 一 十 扌 扩 扣 折 拆 捕 捕 |
|---|---|---|
| | 捕虜(잡을 포, 포로 로) 사로잡은 적의 군사. | |
| 獲 | 얻을 **획**<br>(犭부 14획) | 丿 犭 犭 犭 犭 犭 犭 犭 犭 獲 獲 獲 獲 獲 獲 獲 獲 |
| | 濫獲(퍼질 남, 얻을 획) 지나치게 마구 잡음. | |
| 叛 | 배반할 **반**<br>(又부 7획) | 丶 丷 半 半 半 叛 叛 叛 叛 |
| | 叛逆(배반할 반, 거스를 역) 배반하여 군사를 일으킴. | |
| 亡 | 망할 **망**<br>(亠부 1획) | 丶 亠 亡 |
| | 亡身(망할 망, 몸 신) 잘못하여 자기의 지위·명예·체면 따위를 망침. | |

布射遼丸
(포사료환)

【풀이】한나라 여포는 활을 잘 쏘았고, 의료는 탄자(포환)를 잘 던졌다.

| 布 | 베 **포**<br>(巾부 2획) | 一 ナ 才 右 布 |
|---|---|---|
| | 布教(베 포, 가르칠 교) 가르침을 널리 알림. | |
| 射 | 쏠 **사**<br>(寸부 7획) | ′ ′ 冖 冃 月 月 身 身 射 射 |
| | 射手(쏠 사, 손 수) 활이나 총을 쏘는 사람. | |
| 遼 | 이름 **료**<br>(辶부 12획) | 一 ナ 大 大 大 大 查 查 查 査<br>夯 夯 尞 尞 尞 尞 遼 遼 |
| | 遼遠(이름 요, 멀 원) 썩 멂. 아득하게 멂. | |
| 丸 | 둥글 **환**<br>(丿부 2획) | 丿 九 丸 |
| | 彈丸(탄알 탄, 탄자 환) 탄알. | |

嵇琴阮嘯
(혜금완소)

【풀이】위나라 혜강은 거문고를 잘
탔고, 완적은 휘파람을 잘 불
었다.

| 嵇 | 성　　　혜<br>(山부　9획) | ` ー 千 禾 禾 禾 秒 秒 秋 秋 秘 秘 嵇 |
|---|---|---|
| | 산의 이름. | |
| 琴 | 거문고　금<br>(王부　8획) | ` ー 千 王 王 王 珏 珏 琴 琴 琴 |
| | 琴線(거문고 금, 줄 선) 거문고의 줄. 마음에 깊이 감동함. | |
| 阮 | 성　　　완<br>(阝부　4획) | ` ` 阝 阝 阡 阮 阮 |
| | 나라 이름. | |
| 嘯 | 휘파람　소<br>(口부　12획) | ` ` 口 口 口 口 呼 呼 呼 呼 呼 嘮 嘯 嘯 嘯 嘯 嘯 |
| | 嘯詠(휘파람 소, 읊을 영) 읊조림. | |

## 恬筆倫紙
### (염필륜지)

**【풀이】** 진나라 봉엽은 토끼털로 붓을 만들었고, 후한 채륜은 종이를 발명하였다.

| | |
|---|---|
| 편안할 **염** (忄부 6획) | 丶 丶 忄 忓 忓 恬 恬 恬 恬 |
| 恬然(편안할 염, 그러할 연) 마음이 편안하고 고요한 모양. | |
| 붓 **필** (竹부 6획) | 丿 亻 亽 竺 竺 竺 竺 筝 筝 筆 筆 筆 |
| 筆名(붓 필, 이름 명) 글씨로 떨치는 명예. | |
| 인륜 **륜** (亻부 8획) | 丿 亻 亻 伫 伀 伶 伶 倫 倫 倫 |
| 人倫(사람 인, 인륜 륜) 사람으로서 지켜야 할 떳떳한 도리. | |
| 종이 **지** (糸부 4획) | 丿 幺 幺 糸 糸 糸 糹 紅 紙 紙 |
| 紙幣(종이 지, 비단 폐) 종이 화폐. | |

鈞巧任釣
(균교임조)

【풀이】 한나라 마균은 지남거(교묘한 수레)를 만들고 전국시대의 임공자는 낚시를 만들었다.

| 釣 | 무거울 **균**<br>(金부 4획) | ノ ﾉ ﾉ ﾆ ﾆ 牟 牟 金 金 釣 釣 釣 |
|---|---|---|
| | 鈞軸(무거울 균, 굴대 출) 저울추와 굴대. 대신의 비유. | |
| 巧 | 교묘할 **교**<br>(工부 2획) | 一 丁 工 工 巧 |
| | 巧妙(교묘할 교, 묘할 묘) 매우 잘되고 묘함. | |
| 任 | 맡길 **임**<br>(亻부 4획) | ノ 亻 亻 仟 仟 任 |
| | 任用(맡길 임, 쓸 용) 관직을 주어 등용함. | |
| 釣 | 낚시 **조**<br>(金부 3획) | ノ ﾉ ﾉ ﾆ ﾆ 牟 牟 金 金 釣 釣 |
| | 釣魚(낚시 조, 고기 어) 물고기를 낚음. | |

## 釋紛利俗
### (석분리속)

【풀이】 이 여덟사람은 재주를 다하여 백성들의 근심을 풀어주고 인간생활을 이롭게 하였다.

| 釋 | 풀 **석** (采부 13획) | `´ ´ ⺫ 平 乎 乎 乎 釆 釆` `釆 釆 釈 釈 釋 釋 釋 釋 釋` |
|---|---|---|
| | 解釋(풀 해, 풀 석) 어려운 어구나 문장 등의 의미를 밝혀내거나, 그 내용을 설명하는 것. | |
| 紛 | 어질러울 **분** (糸부 4획) | `´ ´ ´ 纟 纟 糸 糽 紛 紛` |
| | 紛亂(어지러울 분, 어지러울 란) 엉클어져 어지러움. | |
| 利 | 이로울 **리** (刂부 5획) | `´ ⺧ 千 禾 禾 利 利` |
| | 公利(공변될 공, 이로울 리) 일반 공중의 이익. | |
| 俗 | 풍속 **속** (亻부 7획) | `´ ´ ´ 亻 亻 伀 伀 俗 俗` |
| | 俗語(풍속 속, 말씀 어) 통속적으로 쓰이는 저속한 말. | |

並皆佳妙
(병개가묘)

【풀이】 이들은 모두 아름다우며 묘한 재주로 세상을 이롭게 한 사람들이다.

並

| 아우를 **병**<br>(一부 7획) | ` ´ ´´ ´´ ´`` ´`` ´`` 並 |
|---|---|
| 並列(아우를 병, 줄 렬) 나란히 늘어섬. | |

皆

| 다 **개**<br>(白부 4획) | ` ト ᅡ 比 比 毕 皆 皆 皆 |
|---|---|
| 皆旣蝕(다 개, 이미 기, 좀먹을 식) 개기일식과 개기월식을 일컬음. | |

佳

| 아름다울 **가**<br>(亻부 6획) | ´ ´ 亻 ´ 件 佳 佳 佳 |
|---|---|
| 佳約(아름다울 가, 묶을 약) 좋은 언약. 부부가 되는 약속. | |

妙

| 묘할 **묘**<br>(女부 4획) | ㄴ ㄌ ㄌ 奻 妙 妙 妙 |
|---|---|
| 妙齡(묘할 묘, 나이 령) 여자의 스물 안팎의 나이. | |

# 毛施淑姿 (모시숙자)

【풀이】 모는 오나라의 모타라는 여자이고, 시는 월나라의 서시라는 여자인데 모두 절세의 미인이었다.

| | | |
|---|---|---|
| 毛 | 털 모<br>(毛부 0획) | ノ 二 三 毛 |
| | 毛織(털 모, 짤 직) 털 섬유로 짠 피륙. | |
| 施 | 베풀 시<br>(方부 5획) | 丶 亠 方 方 方 扩 扩 於 施 |
| | 施行(베풀 시, 행할 행) 실지로 베풀어서 행함. | |
| 淑 | 맑을 숙<br>(氵부 8획) | 丶 丶 氵 氵 汁 沣 沣 沣 沫 洓 淑 |
| | 貞淑(곧을 정, 맑을 숙) 여자의 지조가 곧고 마음씨가 얌전함. | |
| 姿 | 모양 자<br>(女부 6획) | 丶 冫 冫 冫 次 次 姿 姿 姿 |
| | 姿質(모양 자, 바탕 질) 타고난 성품과 소질. | |

工嚬姸笑
(공빈연소)

【풀이】특히 서시는 찡그리는 모습조차 아름다워 흉내낼 수 없거늘, 그 웃는 모습은 얼마나 곱겠는가.

| 工 | 공교할 **공**<br>(工부 0획) | 一 T 工 |
|---|---|---|
| | 工程(공교할 공, 단위 정) 작업의 되어 가는 정도. | |
| 嚬 | 찡그릴 **빈**<br>(口부 16획) | 丨 口 口 口¹ 口ˊ 口ˇ 口ˇ 吟 吟<br>吟 吟 吟 喃 嚬 嚬 嚬 嚬 |
| | 찡그리다. 눈살 찌푸리다. | |
| 姸 | 고울 **연**<br>(女부 6획) | 乀 乂 女 女 女 妍 妍 姸 姸 |
| | 姸華(고울 연, 고울 화) 아름답고 화려함. | |
| 笑 | 웃을 **소**<br>(竹부 4획) | 丿 ㇏ ㇏ ㅆ ㅆ ㅆ ㅆ ㅆ 竺 竺 笑<br>笑 |
| | 嘲笑(비웃을 조, 웃음 소) 조롱하여 비웃는 웃음. | |

年矢每催
(년시매최)

【풀이】세월이 화살같이 빠르게 지나
가니, 이 빠른 세월은 항상 다
음해를 재촉한다.

| 年 | 해 **년(연)**<br>(干부 3획) | ノ ヒ ヒ ヒ 午 年 |
|---|---|---|
| | 年例(해 연, 법식 례) 해마다 내려오는 정례<br>(定例). | |
| 矢 | 화살 **시**<br>(矢부 0획) | ノ ヒ ヒ 午 矢 |
| | 矢石(화살 시, 돌 석) 옛날, 전쟁에서 무기<br>로 쓰던 화살과 돌. | |
| 每 | 매양 **매**<br>(毋부 3획) | ノ ヒ ヒ 句 句 每 每 |
| | 每週(매양 매, 돌 주) 각각의 주. 한 주일. | |
| 催 | 재촉할 **최**<br>(亻부 11획) | ノ イ イ 亻 伫 伫 伫 催<br>催 催 催 催 |
| | 催淚(재촉할 최, 눈물 루) 눈물이 나게 함. | |

# 羲暉朗曜
## (희휘랑요)

【풀이】 햇빛이 온 세상을 비추어 만물에 혜택을 주고 있다.

| 羲 | 복희 **희** (羊부 11획) | `丷丷丷丷艹艹羊羊羊羊羊羊羊羊羊羊義義義` |
|---|---|---|
| | 伏羲(엎드릴 복, 복희 희) 상고(上古)시대의 제왕. | |
| 暉 | 빛날 **휘** (日부 9획) | `丨冂日日日旷旷旷旷暉暉暉暉` |
| | 暉暉(빛날 휘, 빛날 휘) 하늘이 맑고 밝은 모양. | |
| 朗 | 밝을 **랑** (月부 7획) | `丶亠亠亍良良良朗朗朗` |
| | 朗誦(밝을 낭, 욀 송) 소리를 높여 읽음. | |
| 曜 | 빛날 **요** (日부 14획) | `丨冂日日日日㬎㬎㬎㬎曜曜曜曜` |
| | 曜靈(빛날 요, 신령 령) 태양(太陽)의 별칭. | |

## 璇璣懸斡
### (선기현알)

【풀이】 선기는 천기를 보는 기구(혼천의)이고 높이 걸려 도는 것을 말한다. 옛날 중국의 천문학자들은 이것으로 천체의 움직임을 관찰하였다.

| 璇 | 구슬 **선**<br>(王부 11획) | ` 丆 王 玉 玎 玎 玿 玿 玿 玿 璇 璇 璇 璇 璇` |
|---|---|---|
| | 璇花(구슬 선, 꽃 화) 옥처럼 새하얀 꽃이란 뜻으로, 눈을 일컬음. | |
| 璣 | 구슬 **기**<br>(王부 12획) | `丆 王 玉 玑 玑 玑 玑 玑 璣 璣 璣` |
| | 璣衡(구슬 기, 저울대 형) 천문을 관측하는 기계. | |
| 懸 | 매달 **현**<br>(心부 16획) | `丨 冂 冃 目 且 県 県 県 県 県 県 縣 縣 縣 懸 懸 懸` |
| | 懸板(매달 현, 널빤지 판) 글씨나 그림을 쓰거나 새겨서 문 위 또는 벽에 다는 편액. | |
| 斡 | 돌 **알**<br>(斗부 10획) | `一 十 古 古 吉 卓 卓 乾 斡 斡 斡 斡 斡 斡` |
| | 斡旋(돌 알, 돌 선) 돎. 돌림. 남의 일을 주선하여 줌. | |

# 晦魄環照 (회백환조)

【풀이】 달이 고리와 같이 돌면서 세상에 빛을 비추는 것을 말한다.

| | | |
|---|---|---|
| 晦 | 그믐 **회** (日부 7획) | 丨 冂 月 日 日' 日𠂉 日𠂇 晦 晦 晦 晦 |
| | 晦明(그믐 회, 밝을 명) 어둠과 밝음. | |
| 魄 | 넋 **백** (鬼부 5획) | ′ ⺁ 白 白 白 白' 白' 白' 白' 魄 魄 魄 魄 魄 魄 |
| | 魂飛魄散(넋 혼, 날 비, 넋 배, 흩을 산) 몹시 놀라 혼백이 흩어짐. | |
| 環 | 고리 **환** (王부 13획) | 一 二 千 王 王 王 王 王 王 環 環 環 環 環 環 環 環 |
| | 環狀(고리 환, 형상 상) 고리와 같이 둥근 모양. | |
| 照 | 비칠 **조** (灬부 9획) | 丨 冂 月 日 日 日 日 昭 昭 照 照 照 照 |
| | 落照(떨어질 낙, 비칠 조) 저녁 햇빛. 지는 해. | |

指薪修祐
(지신수우)

【풀이】 불타는 나무와 같은 정열로
착한 일을 열심히 하면 복을
얻는다.

| 指 | 가리킬 **지**<br>(扌부 6획) | 一 十 扌 扌 护 指 指 指 指 |
|---|---|---|
| | 指示(가리킬 지, 보일 시) 가리켜 보임. 일<br>일이 가르침. | |
| 薪 | 섶 **신**<br>(艹부 13획) | 丶 一 艹 艹 艹 艹 艹 艹 薪<br>薪 薪 薪 薪 薪 薪 薪 新 |
| | 薪炭(섶 신, 숯 탄) 땔나무와 숯. | |
| 修 | 닦을 **수**<br>(亻부 8획) | 丿 亻 亻 亻 亻 修 修 修 修<br>修 |
| | 補修(기울 보, 닦을 수) 낡은 것을 보충하여<br>수선함. | |
| 祐 | 복 **우**<br>(示부 5획) | 一 二 亍 亍 亍 示 示 祐 祐<br>祐 |
| | 保祐(지킬 보, 복 우) 보호하여 도와줌. | |

# 永綏吉邵
## (영수길소)

【풀이】 그리하면 영원히 편안할 것이고, 반드시 좋은 일만 생기게 될 것이다.

| 길　　영<br>(水부　1획) | `丿氺永永 |
|---|---|

永劫(길 영, 위협할 겁) 매우 긴 시간. 영원한 세월.

| 편안할　수<br>(糸부　7획) | 乡 乡 幺 彳 彳 彳 紵 紵 綏<br>綏 綏 綏 綏 |
|---|---|

綏定(편안할 수, 정할 정) 나라를 편안하게 함.

| 좋을　　길<br>(口부　3획) | 一十士吉吉吉 |
|---|---|

不吉(아닐 불, 좋을 길) 재수나 운수가 좋지 않음.

| 높을　　소<br>(阝부　5획) | 丁刀召召召召邵邵 |
|---|---|

고을 이름.

# 矩步引領
## (구보인령)

【풀이】 임금 앞에서 신하가 가져야 할 몸가짐으로, 법도에 맞게 고개 숙여 반듯하게 걷는 모습을 말한다.

| | | |
|---|---|---|
| 矩 | 법 구 (矢부 5획) | ノ 𠂉 𠂉 チ 矢 矢 矩 矩 矩 矩 |
| | 矩度(법 구, 법도 도) 법칙. | |
| 步 | 걸음 보 (止부 3획) | 丨 ⺊ 屮 止 止 步 步 |
| | 步幅(걸음 보, 폭 폭) 걸음의 발자국 사이의 거리. | |
| 引 | 끌 인 (弓부 1획) | ㄱ コ 弓 引 |
| | 誘引(꾈 유, 끌 인) 남을 꾀어 냄. | |
| 領 | 고개 령 (頁부 5획) | ノ 人 𠆢 今 令 令 令 領 領 領 領 領 領 領 |
| | 占領(차지할 점, 고개 령) 일정한 땅을 차지하여 제 것으로 함. | |

俯仰廊廟
(부앙랑묘)

【풀이】 항상 낭묘에 있는 것으로 생각하고 머리숙여 예의를 지켜라.

| 俯 | 머리숙일 **부**<br>(亻부 8획) | 丿 亻 亻 亻 广 伫 俨 俯 俯<br>俯 |
| | 俯瞰(머리숙일 부, 볼 감) 높은 곳에서 아래를 내려다 봄. | |
| 仰 | 우러를 **앙**<br>(亻부 4획) | 丿 亻 亻 化 伬 仰 |
| | 仰視(우러를 앙, 볼 시) 우러러봄. | |
| 廊 | 행랑 **랑**<br>(广부 10획) | 丶 一 广 广 广 广 广 庐 庐<br>庐 庐 庐 廊 |
| | 舍廊(집 사, 행랑 랑) 바깥주인이 거처하며 손님을 대접하는 곳. | |
| 廟 | 사당 **묘**<br>(广부 12획) | 丶 一 广 广 广 广 广 庐 庐<br>庐 庐 庙 廟 廟 廟 廟 |
| | 家廟(집 가, 사당 묘) 한 집안의 사당. | |

束帶矜莊
(속대긍장)

【풀이】군자는 의복을 단정히 갖춘
다음 자랑스럽고 씩씩한 걸음
걸이로 걷는다.

| 束 | 묶을　　　속<br>(木부　3획) | 一 一 一 一 申 束 束 |
| | 拘束(잡을 구, 묶을 속) 체포하여 속박함. | |
| 帶 | 띠　　　　대<br>(巾부　8획) | 一 十 卅 卅 卅 卅 卅 卅 帶<br>帶 帶 |
| | 連帶(이을 연, 띠 대) 공동으로 책임을 짐. | |
| 矜 | 자랑할　긍<br>(矛부　4획) | 一 一 一 子 子 矛 矜 矜 矜 |
| | 自矜(스스로 자, 자랑할 긍) 스스로 자랑스<br>럽게 생각함. | |
| 莊 | 씩씩할　장<br>(艹부　7획) | 一 一 十 十 十 廾 井 拼 莊<br>莊 莊 |
| | 莊重(씩씩할 장, 무거울 중) 장엄하고 정중<br>함. | |

# 徘佪瞻眺
## (배회첨조)

【풀이】 군자는 쓸데없이 배회하거나 아무데고 눈을 돌려 바라보지 아니한다.

| | | |
|---|---|---|
| 徘 | 배회할 **배** (彳부 8획) | ` ′ ′ 彳 彳 彳 彳 徘 徘` 徘 徘 |
| | 徘佪(배회할 배, 배회할 회) 목적 없이 이리저리 왔다갔다 거닒. | |
| 佪 | 배회할 **회** (亻부 6획) | ` ′ 亻 亻 佪 佪 佪 佪 佪` |
| | 노닐다. 어정거리다. | |
| 瞻 | 바라볼 **첨** (目부 13획) | `丨 冂 冂 目 目 目′ 旷 旷 旷 旷 旷 旷 瞻 瞻 瞻 瞻 瞻 瞻` |
| | 瞻望(바라볼 첨, 바랄 망) 높직한 곳을 멀거니 바라다봄. | |
| 眺 | 볼 **조** (目부 6획) | `丨 冂 冂 目 目 目 肍 眺 眺 眺 眺` |
| | 眺望(볼 조, 바랄 망) 멀리 바라봄. | |

孤陋寡聞
(고루과문)

**【풀이】** 외롭게 자라 보고 들은 것이 적다. 이글을 지은 주흥사 자신을 겸손하게 말한 것이다.

| | | |
|---|---|---|
| 孤 | 외로울 **고**<br>(子부 5획) | `一 了 了 了 孑 孤 孤 孤` |
| | 孤立(외로울 고, 설 립) 의지할 데 없이 외톨이. | |
| 陋 | 더러울 **루**<br>(阝부 6획) | `一 了 阝 阝 阡 阡 陋 陋 陋` |
| | 陋名(더러울 누, 이름 명) 지저분한 평판에 오르내리는 이름. | |
| 寡 | 적을 **과**<br>(宀부 11획) | `ヽ ゛ 宀 宀 宀 宀 宀 宛 宛`<br>`宛 寣 寊 寡 寡` |
| | 寡默(적을 과, 묵묵할 묵) 말이 적음. | |
| 聞 | 들을 **문**<br>(耳부 8획) | `一 了 了 尸 尸 尸 門 門 門 門`<br>`門 門 門 門 聞` |
| | 新聞(새 신, 들을 문) 소식이나 언론을 신속히 보도하는 정기 간행물. 새로 들음. | |

# 愚蒙等誚
## (우몽등초)

**【풀이】** 그러므로 이 글 중에서 잘못된 곳이 있어 여러 사람의 꾸짖음을 들어도 주흥사 자신은 어리석음을 면하지 못한다는 것이다.

| | |
|---|---|
| 어리석을 **우**<br>(心부 9획) | 丶 冂 冂 曰 曰 禺 禺 禺<br>禺 愚 愚 愚 |
| 愚弄(어리석을 우, 희롱할 롱) 사람을 어리석게 만들어 놀려 댐. | |
| 어리석을 **몽**<br>(++부 10획) | 丶 ヽ ヽ 世 拦 艹 茾 茾 夢<br>芢 芢 蒙 蒙 蒙 |
| 朦朧(어리석을 몽, 대그릇 롱) 흐릿하고 밝지 않은 모양. | |
| 등급 **등**<br>(竹부 6획) | ノ 스 쏘 쏘 섣 섣 섣 섣 笰 笰<br>笁 笁 等 |
| 等分(등급 등, 나눌 분) 똑같이 나눔. 균일한 분배. | |
| 꾸짖을 **초**<br>(言부 7획) | 丶 스 스 츠 言 言 言 訁 訁 訁<br>詳 詳 誚 誚 誚 |
| 誚責(꾸짖을 초, 꾸짖을 책) 꾸짖어 나무람. 책망함. | |

# 謂語助者
## (위어조자)

**【풀이】** 어조사라 함은 한문의 토로서, 말의 뜻을 완성시키는 보조적인 역할만 한다.

| 謂 | 이를 **위**<br>(言부 9획) | `` ` ´ ` ` ` ` ` ` ` ` ` ` ` ` ` ` ` ` 謂 ``<br>謂 謂 謂 謂 謂 謂 謂 |
| | 可謂(옳을 가, 이를 위) 가히 이르자면. 과연. | |
| 語 | 말씀 **어**<br>(言부 7획) | `` ` ´ ` ` ` ` ` ` ` ` 訂 ``<br>訴 語 語 語 語 |
| | 語訥(말씀 어, 말더듬을 눌) 말을 더듬어 부드럽지 못함. | |
| 助 | 도울 **조**<br>(力부 5획) | 丨 冂 月 月 且 助 助 |
| | 助言(도울 조, 말씀 언) 말로써 거들어 줌. | |
| 者 | 사람 **자**<br>(耂부 5획) | 一 十 土 耂 耂 者 者 者 者 |
| | 賢者(어질 현, 사람 자) 어질고 총명하여 성인 다음 가는 사람. | |

# 焉哉乎也
## (언재호야)

【풀이】 언 · 재 · 호 · 야 네 글자는 어조사이다.

| | | |
|---|---|---|
| 焉 | 어조사 **언**<br>(灬부 7) | 一 丁 下 正 正 哥 焉 焉<br>焉 焉 |
| | 終焉(끝날 종, 어조사 언) 자리 잡고 편히 지내는 일. | |
| 哉 | 어조사 **재**<br>(口부 6획) | 一 十 土 吉 吉 武 哉 哉 |
| | 어조사. 비로소. 처음으로. | |
| 乎 | 어조사 **호**<br>(丿부 4획) | ´ ´ ⌐ 厂 乎 |
| | 斷乎(끊을 단, 어조사 호) 일단 결심한 것을 과단성 있게 처리하는 모양. | |
| 也 | 어조사 **야**<br>(乙부 2획) | 丿 卝 也 |
| | 也乎(어조사 야, 어조사 호) 강조하는 어조사. | |

# 삼강오륜 (三綱五倫)

## ◆ 삼강 (三綱)

- **君爲臣綱 (군위신강)**
  신하는 임금을 섬기는 근본이고

- **父爲子綱 (부위자강)**
  아들은 아버지를 섬기는 근본이고

- **夫爲婦綱 (부위부강)**
  아내는 남편을 섬기는 근본이다.

## ◆ 오륜 (五倫)

- **君臣有義 (군신유의)**
  임금과 신하는 의가 있어야 하고

- **父子有親 (부자유친)**
  아버지와 아들은 친함이 있어야 하며

- **夫婦有別 (부부유별)**
  남편과 아내는 분별이 있어야 하며

- **長幼有序 (장유유서)**
  어른과 어린이는 차례가 있어야 하고

- **朋友有信 (붕우유신)**
  벗과 벗은 믿음이 있어야 한다.

# 사자소학 (四字小學)

주희의 소학(小學)과 기타 경전(經傳)의 내용을 알기 쉽게 생활 한자로 편집한 한자의 입문서로서, 어려서부터 각 가정에서 부모님에 대한 효도, 형제 우애, 친구 사귀기, 스승 섬기기 등을 올바르게 가르치기 위한 도덕 교육과 인성 교육을 중심으로 구성된 것이 특징이다. 본서는 현대 문명의 이기 속에서 자칫 잃어버리기 쉬운 옛것에 대한 정서 함향을 위해 내용을 다양하게 구성하여 재미있고 흥미롭게 한문을 익힐 수 있도록 제작하였다.

이 책을 충실히 학습하면 한문 소양을 기르는 데 도움이 될 것이다.

- 편집부 -

| 父 | 生 | 我 | 身 |
|---|---|---|---|
| 아비 부 | 날 생 | 나 아 | 몸 신 |

**풀이** 父生我身 (부생아신) 아버지께서 내 몸을 낳게 하시고

| 母 | 鞠 | 吾 | 身 |
|---|---|---|---|
| 어미 모 | 기를 국 | 나 오 | 몸 신 |

**풀이** 母鞠吾身 (모국오신) 어머니께서 내 몸을 기르셨으며

| 腹 | 以 | 懷 | 我 |
|---|---|---|---|
| 배 복 | 써 이 | 품을 회 | 나 아 |

**풀이** 腹以懷我 (복이회아) 어머니께서 뱃속에 나를 품으시고

| 乳 | | 以 | | 哺 | | 我 | |
|---|---|---|---|---|---|---|---|
| 젖 | 유 | 써 | 이 | 먹일 | 포 | 나 | 아 |

**풀이** 乳以哺我 (유이포아) 젖으로써 나를 먹여 기르셨으며

| 以 | | 衣 | | 溫 | | 我 | |
|---|---|---|---|---|---|---|---|
| 써 | 이 | 옷 | 의 | 따뜻할 | 온 | 나 | 아 |

**풀이** 以衣溫我 (이의온아) 옷으로써 나를 따뜻하게 하시고

| 以 | | 食 | | 飽 | | 我 | |
|---|---|---|---|---|---|---|---|
| 써 | 이 | 먹을 | 식 | 배부를 | 포 | 나 | 아 |

**풀이** 以食飽我 (이식포아) 음식으로써 나를 배부르게 하시니

| 恩 | 高 | 如 | 天 |
|---|---|---|---|
| 은혜 **은** | 높을 **고** | 같을 **여** | 하늘 **천** |

**풀이** 恩高如天(은고여천) 그 은혜의 높이가 하늘과 같으시고

| 德 | 厚 | 似 | 地 |
|---|---|---|---|
| 큰 **덕** | 두터울 **후** | 같을 **사** | 땅 **지** |

**풀이** 德厚似地(덕후사지) 그 덕의 두텁기가 땅과 같도다.

| 爲 | 人 | 子 | 者 |
|---|---|---|---|
| 할 **위** | 사람 **인** | 아들 **자** | 놈 **자** |

**풀이** 爲人子者(위인자자) 사람이 자식된 자로서

| 曷 | | 不 | | 爲 | | 孝 | |
|---|---|---|---|---|---|---|---|
| 어찌 | 갈 | 아니 | 불 | 할 | 위 | 효도 | 효 |

**풀이** 曷不爲孝 (갈불위효) 어찌 효도를 하지 않을 수 있으리오.

| 欲 | | 報 | | 深 | | 恩 | |
|---|---|---|---|---|---|---|---|
| 하고자할 | 욕 | 갚을 | 보 | 깊을 | 심 | 은혜 | 은 |

**풀이** 欲報深恩 (욕보심은) 깊은 은혜를 갚고자 하나

| 昊 | | 天 | | 罔 | | 極 | |
|---|---|---|---|---|---|---|---|
| 하늘 | 호 | 하늘 | 천 | 없을 | 망 | 다할 | 극 |

**풀이** 昊天罔極 (호천망극) 부모님은 기다려 주시지 않고 돌아가시는 도다.

| 父 | | 母 | | 呼 | | 我 | |
|---|---|---|---|---|---|---|---|
| 아비 | 부 | 어미 | 모 | 부를 | 호 | 나 | 아 |

**풀이** 父母呼我 (부모호아) 부모님께서 나를 부르시면

| 唯 | | 而 | | 趨 | | 之 | |
|---|---|---|---|---|---|---|---|
| 대답할 | 유 | 말이을 | 이 | 달릴 | 추 | 갈 | 지 |

**풀이** 唯而趨之 (유이추지) 공손히 대답하고 재빨리 나아
가며

| 有 | | 命 | | 必 | | 從 | |
|---|---|---|---|---|---|---|---|
| 있을 | 유 | 명령할 | 명 | 반드시 | 필 | 따를 | 종 |

**풀이** 有命必從 (유명필종) 명령이 있으면 반드시 따르고

| 勿 | | 逆 | | 勿 | | 怠 | |
|---|---|---|---|---|---|---|---|
| 말 | 물 | 거스를 | 역 | 말 | 물 | 게으를 | 태 |

**풀이** 勿逆勿怠(물역물태) 거스르지 말고 게으르지 말며

| 父 | | 母 | | 責 | | 之 | |
|---|---|---|---|---|---|---|---|
| 아비 | 부 | 어미 | 모 | 꾸짖을 | 책 | 갈 | 지 |

**풀이** 父母責之(부모책지) 부모님께서 꾸짖으시더라도

| 勿 | | 怒 | | 勿 | | 答 | |
|---|---|---|---|---|---|---|---|
| 말 | 물 | 성낼 | 노 | 말 | 물 | 대답 | 답 |

**풀이** 勿怒勿答(물노물답) 성내지도 말고 말 대꾸도 하지 말라.

| 侍 | | 坐 | | 親 | | 前 | |
|---|---|---|---|---|---|---|---|
| 모실 | 시 | 앉을 | 좌 | 어버이 | 친 | 앞 | 전 |

**풀이** 侍坐親前(시좌친전) 부모님을 모시고 그 앞에 앉
았을 때에는

| 勿 | | 踞 | | 勿 | | 臥 | |
|---|---|---|---|---|---|---|---|
| 말 | 물 | 걸터앉을 | 거 | 말 | 물 | 누울 | 와 |

**풀이** 勿踞勿臥(물거물와) 걸터 앉거나 눕거나 하지 말
며

| 侍 | | 坐 | | 親 | | 側 | |
|---|---|---|---|---|---|---|---|
| 모실 | 시 | 앉을 | 좌 | 어버이 | 친 | 곁 | 측 |

**풀이** 侍坐親側(시좌친측) 부모님을 모시고 그 옆에 앉
았을 때에는

| 勿 | | 怒 | | 責 | | 人 | |
|---|---|---|---|---|---|---|---|
| 말 | 물 | 성낼 | 노 | 꾸짖을 | 책 | 사람 | 인 |

**풀이** 勿怒責人(물노책인) 성내지 말고 남을 꾸짖지도 말며

| 父 | | 母 | | 出 | | 入 | |
|---|---|---|---|---|---|---|---|
| 아비 | 부 | 어미 | 모 | 날 | 출 | 들 | 입 |

**풀이** 父母出入(부모출입) 부모님께서 나가시거나 들어오실 때에는

| 每 | | 必 | | 起 | | 立 | |
|---|---|---|---|---|---|---|---|
| 매양 | 매 | 반드시 | 필 | 일어날 | 기 | 설 | 립 |

**풀이** 每必起立(매필기립) 그때마다 반드시 일어서서 인사를 해야 한다.

| 勿 | | 立 | | 門 | | 中 | |
|---|---|---|---|---|---|---|---|
| 말 | 물 | 설 | 립 | 문 | 문 | 가운데 | 중 |

**풀이** 勿立門中 (물립문중) 방문 가운데 서 있지 말고

| 勿 | | 坐 | | 房 | | 中 | |
|---|---|---|---|---|---|---|---|
| 말 | 물 | 앉을 | 좌 | 방 | 방 | 가운데 | 중 |

**풀이** 勿坐房中 (물좌방중) 방 한가운데 앉아 있지도 말며

| 出 | | 入 | | 門 | | 戶 | |
|---|---|---|---|---|---|---|---|
| 날 | 출 | 들 | 입 | 문 | 문 | 문 | 호 |

**풀이** 出入門戶 (출입문호) 문을 들어오고 나갈 때에는

| 開 | | 閉 | | 必 | | 恭 | |
|---|---|---|---|---|---|---|---|
| 열 | 개 | 닫을 | 폐 | 반드시 | 필 | 공손할 | 공 |

**풀이** 開閉必恭 (개폐필공) 문을 열고 닫는 것을 반드시 공손히 하여라.

| 須 | | 勿 | | 大 | | 唾 | |
|---|---|---|---|---|---|---|---|
| 모름지기 | 수 | 말 | 물 | 큰 | 대 | 침뱉을 | 타 |

**풀이** 須勿大唾 (수물대타) 모름지기 큰소리를 내어 침을 뱉지 말고

| 亦 | | 勿 | | 弘 | | 言 | |
|---|---|---|---|---|---|---|---|
| 또 | 역 | 말 | 물 | 클 | 홍 | 말씀 | 언 |

**풀이** 亦勿弘言 (역물홍언) 또한 큰소리로 말하지 말며

| 口 | | 勿 | | 雜 | | 談 | |
|---|---|---|---|---|---|---|---|
| 입 | 구 | 말 | 물 | 섞일 | 잡 | 말씀 | 담 |

**풀이** 口勿雜談(구물잡담) 입으로는 잡담하지 말고

| 手 | | 勿 | | 雜 | | 戲 | |
|---|---|---|---|---|---|---|---|
| 손 | 수 | 말 | 물 | 섞일 | 잡 | 희롱할 | 희 |

**풀이** 手勿雜戲(수물잡희) 손으로는 손장난을 하지 말며

| 行 | | 勿 | | 慢 | | 步 | |
|---|---|---|---|---|---|---|---|
| 다닐 | 행 | 말 | 물 | 방자할 | 만 | 걸음 | 보 |

**풀이** 行勿慢步(행물만보) 다닐 적에는 방자하게 걷지 말고

| 坐 | | 勿 | | 倚 | | 身 | |
|---|---|---|---|---|---|---|---|
| 앉을 | 좌 | 말 | 물 | 기댈 | 의 | 몸 | 신 |

**풀이** 坐勿倚身 (좌물의신) 앉아 있을 때에는 벽에 몸을 기대지 말며

| 父 | | 母 | | 衣 | | 服 | |
|---|---|---|---|---|---|---|---|
| 아비 | 부 | 어미 | 모 | 옷 | 의 | 옷 | 복 |

**풀이** 父母衣服 (부모의복) 부모님의 의복을

| 勿 | | 踰 | | 勿 | | 踐 | |
|---|---|---|---|---|---|---|---|
| 말 | 물 | 넘을 | 유 | 말 | 물 | 밟을 | 천 |

**풀이** 勿踰勿踐 (물유물천) 넘지도 말고 밟지도 말라.

| 膝 | | 前 | | 勿 | | 坐 | |
|---|---|---|---|---|---|---|---|
| 무릎 | 슬 | 앞 | 전 | 말 | 물 | 앉을 | 좌 |

**풀이** 膝前勿坐(슬전물좌) 부모님의 무릎 앞에 앉지 말고

| 面 | | 上 | | 勿 | | 仰 | |
|---|---|---|---|---|---|---|---|
| 낯 | 면 | 위 | 상 | 말 | 물 | 우러를 | 앙 |

**풀이** 面上勿仰(면상물앙) 부모님의 얼굴을 올려다 보지 말며

| 父 | | 母 | | 臥 | | 命 | |
|---|---|---|---|---|---|---|---|
| 아비 | 부 | 어미 | 모 | 누울 | 와 | 명령할 | 명 |

**풀이** 父母臥命(부모와명) 부모님께서 누워서 무엇을 시키시더라도

| 俯 | | 首 | | 聽 | | 之 | |
|---|---|---|---|---|---|---|---|
| 숙일 | 부 | 머리 | 수 | 들을 | 청 | 갈 | 지 |

**풀이** 俯首聽之(부수청지) 머리를 숙이고 그 시키시는 일을 들어야 하며

| 鷄 | | 鳴 | | 而 | | 起 | |
|---|---|---|---|---|---|---|---|
| 닭 | 계 | 울 | 명 | 말이을 | 이 | 일어날 | 기 |

**풀이** 鷄鳴而起(계명이기) 닭이 울거든(새벽에) 일어나서

| 必 | | 盥 | | 必 | | 漱 | |
|---|---|---|---|---|---|---|---|
| 반드시 | 필 | 씻을 | 관 | 반드시 | 필 | 양치질 | 수 |

**풀이** 必盥必漱(필관필수) 반드시 세수하고 반드시 양치질하며

| 晨 | | 必 | | 先 | | 起 | |
|---|---|---|---|---|---|---|---|
| 새벽 | 신 | 반드시 | 필 | 먼저 | 선 | 일어날 | 기 |

**풀이** 晨必先起(신필선기) 새벽에는 반드시 부모님보다 먼저 일어나고

| 暮 | | 須 | | 後 | | 寢 | |
|---|---|---|---|---|---|---|---|
| 저물 | 모 | 모름지기 | 수 | 뒤 | 후 | 잠잘 | 침 |

**풀이** 暮須後寢(모수후침) 밤에는 모름지기 부모님보다 늦게 자야 하며

| 父 | | 母 | | 有 | | 病 | |
|---|---|---|---|---|---|---|---|
| 아비 | 부 | 어미 | 모 | 있을 | 유 | 병들 | 병 |

**풀이** 父母有病(부모유병) 부모님께서 병환 중에 계시면

| 憂 | 而 | 謨 | 瘳 |
|---|---|---|---|
| 근심 우 | 말이을 이 | 꾀할 모 | 병나을 추 |

**풀이** 憂而謨瘳(우이모추) 근심하면서 병이 나을 수 있
도록 정성을 다해야 하며

| 父 | 母 | 不 | 食 |
|---|---|---|---|
| 아비 부 | 어미 모 | 아니 불 | 먹을 식 |

**풀이** 父母不食(부모불식) 부모님께서 진지를 잡수시지
않으시면

| 思 | 得 | 良 | 饌 |
|---|---|---|---|
| 생각할 사 | 얻을 득 | 좋을 량 | 반찬 찬 |

**풀이** 思得良饌(사득량찬) 생각해서 좋은 반찬을 마련하
여 올려야 하느니라.

| 飮 | | 食 | | 親 | | 前 | |
|---|---|---|---|---|---|---|---|
| 마실 | 음 | 먹을 | 식 | 어버이 | 친 | 앞 | 전 |

**풀이** 飮食親前 (음식친전) 부모님 앞에서 음식을 먹을 때에는

| 毋 | | 出 | | 器 | | 聲 | |
|---|---|---|---|---|---|---|---|
| 말 | 무 | 날 | 출 | 그릇 | 기 | 소리 | 성 |

**풀이** 毋出器聲 (무출기성) 그릇 소리가 나지 않도록 하며

| 衣 | | 服 | | 雖 | | 惡 | |
|---|---|---|---|---|---|---|---|
| 옷 | 의 | 옷 | 복 | 비록 | 수 | 나쁠 | 악 |

**풀이** 衣服雖惡 (의복수악) 의복이 비록 나쁘더라도

| 與 | 之 | 必 | 着 |
|---|---|---|---|
| 줄 여 | 갈 지 | 반드시 필 | 입을 착 |

**풀이** 與之必着(여지필착) 부모님이 주시거든 반드시 입어야 하며

| 飮 | 食 | 雖 | 厭 |
|---|---|---|---|
| 마실 음 | 먹을 식 | 비록 수 | 싫을 염 |

**풀이** 飮食雖厭(음식수염) 어떤 음식이 비록 싫더라도

| 賜 | 之 | 必 | 嘗 |
|---|---|---|---|
| 줄 사 | 갈 지 | 반드시 필 | 맛볼 상 |

**풀이** 賜之必嘗(사지필상) 부모님이 주시거든 반드시 맛이라도 보아라.

| 平 | 生 | 一 | 欺 |
|---|---|---|---|
| 평평할 **평** | 날 **생** | 한 **일** | 속일 **기** |

**풀이** 平生一欺 (**평생일기**) 평생에 단 한번 부모님을 속이더라도

| 其 | 罪 | 如 | 山 |
|---|---|---|---|
| 그 **기** | 허물 **죄** | 같을 **여** | 메 **산** |

**풀이** 其罪如山 (**기죄여산**) 그 죄는 산과 같이 큼이니라.

| 若 | 告 | 西 | 適 |
|---|---|---|---|
| 만약 **약** | 알릴 **고** | 서녘 **서** | 갈 **적** |

**풀이** 若告西適 (**약고서적**) 만약 서쪽으로 간다고 부모님께 아뢰었으면

| 不 | 復 | 東 | 往 |
|---|---|---|---|
| 아니 **불** | 다시 **부** | 동녘 **동** | 갈 **왕** |

**풀이** 不復東往(불부동왕) 다시 동쪽으로 가지 말것이며

| 出 | 必 | 告 | 之 |
|---|---|---|---|
| 날 **출** | 반드시 **필** | 알릴 **고** | 갈 **지** |

**풀이** 出必告之(출필고지) 나갈 때에는 반드시 부모님께
아뢰고

| 返 | 必 | 拜 | 謁 |
|---|---|---|---|
| 돌아올 **반** | 반드시 **필** | 절 **배** | 뵐 **알** |

**풀이** 返必拜謁(반필배알) 돌아와서는 반드시 부모님께
절하고 뵈어라.

| 勿 | | 與 | | 人 | | 鬪 | |
|---|---|---|---|---|---|---|---|
| 말 | 물 | 더불어 | 여 | 사람 | 인 | 다툴 | 투 |

**풀이** 勿與人鬪 (물여인투) 남과 더불어 다투지 말라.

| 父 | | 母 | | 憂 | | 之 | |
|---|---|---|---|---|---|---|---|
| 아비 | 부 | 어미 | 모 | 근심 | 우 | 갈 | 지 |

**풀이** 父母憂之 (부모우지) 부모님께서 근심하시느니라.

| 見 | | 善 | | 從 | | 之 | |
|---|---|---|---|---|---|---|---|
| 볼 | 견 | 착할 | 선 | 따를 | 종 | 갈 | 지 |

**풀이** 見善從之 (견선종지) 착한 일을 보거든 이를 행하여 따르고

| 知 | | 過 | | 必 | | 改 | |
|---|---|---|---|---|---|---|---|
| 알 | 지 | 허물 | 과 | 반드시 | 필 | 고칠 | 개 |

**풀이** 知過必改(지과필개) 자신의 허물을 알면 반드시 이를 고쳐라.

| 言 | | 行 | | 相 | | 違 | |
|---|---|---|---|---|---|---|---|
| 말씀 | 언 | 행할 | 행 | 서로 | 상 | 잘못 | 위 |

**풀이** 言行相違(언행상위) 말과 행동이 서로 다르게 잘못을 범하면

| 辱 | | 及 | | 于 | | 先 | |
|---|---|---|---|---|---|---|---|
| 욕 | 욕 | 미칠 | 급 | 어조사 | 우 | 먼저 | 선 |

**풀이** 辱及于先(욕급우선) 그 욕됨이 자기 선조(先祖)에게까지 미치며

| 我 | | 身 | | 能 | | 善 | |
|---|---|---|---|---|---|---|---|
| 나 | 아 | 몸 | 신 | 능할 | 능 | 착할 | 선 |

**풀이** 我身能善(아신능선) 내 몸이 능히 착하게 행동하면

| 譽 | | 及 | | 父 | | 母 | |
|---|---|---|---|---|---|---|---|
| 명예 | 예 | 미칠 | 급 | 아비 | 부 | 어미 | 모 |

**풀이** 譽及父母(예급부모) 그 명예가 부모님께 미치게 되느니라.

| 夏 | | 則 | | 涼 | | 枕 | |
|---|---|---|---|---|---|---|---|
| 여름 | 하 | 곧 | 즉 | 서늘할 | 량 | 베개 | 침 |

**풀이** 夏則涼枕(하칙량침) 여름에는 부모님의 잠자리를 서늘하게 해 드리고

| 冬 | | 則 | | 溫 | | 被 | |
|---|---|---|---|---|---|---|---|
| 겨울 | 동 | 곧 | 즉 | 따뜻할 | 온 | 이불 | 피 |

**풀이** 冬則溫被 (동즉온피) 겨울에는 부모님의 덮으시는 이불을 따뜻하게 해 드려라.

| 若 | | 得 | | 美 | | 果 | |
|---|---|---|---|---|---|---|---|
| 만약 | 약 | 얻을 | 득 | 아름다울 | 미 | 과실 | 과 |

**풀이** 若得美果 (약득미과) 만약 맛있는 과실을 얻게 되면

| 歸 | | 獻 | | 父 | | 母 | |
|---|---|---|---|---|---|---|---|
| 돌아올 | 귀 | 드릴 | 헌 | 아비 | 부 | 어미 | 모 |

**풀이** 歸獻父母 (귀헌부모) 집으로 가지고 돌아와서 부모님께 드리도록 하라.

**풀이** 室堂有塵(실당유진) 집 안에 티끌이 있으면

**풀이** 常以帚掃(상이추소) 항상 비로 쓸어서 깨끗하게
하여라.

**풀이** 暑勿褰衣(서물건의) 더워도 부모님 앞에서는 옷을
걷어 올리지 말고

| 亦 | | 勿 | | 揮 | | 扇 | |
|---|---|---|---|---|---|---|---|
| 또 | 역 | 말 | 물 | 휘두를 | 휘 | 부채 | 선 |

풀이 亦勿揮扇 (역물휘선) 또한 함부로 부채질하지 말라.

| 身 | | 體 | | 髮 | | 膚 | |
|---|---|---|---|---|---|---|---|
| 몸 | 신 | 몸 | 체 | 터럭 | 발 | 살갗 | 부 |

풀이 身體髮膚 (신체발부) 자기의 머리털과 피부, 곧 몸 전체는

| 受 | | 之 | | 父 | | 母 | |
|---|---|---|---|---|---|---|---|
| 받을 | 수 | 갈 | 지 | 아비 | 부 | 어미 | 모 |

풀이 受之父母 (수지부모) 부모님으로부터 이어 받은 것이라.

| 不 | 敢 | 毀 | 傷 |
|---|---|---|---|
| 아니 **불** | 감히 **감** | 헐 **훼** | 상할 **상** |

**풀이** 不敢毀傷 (불감훼상) 몸을 상하지 않게 하는 것이

| 孝 | 之 | 始 | 也 |
|---|---|---|---|
| 효도 **효** | 갈 **지** | 비로서 **시** | 어조사 **야** |

**풀이** 孝之始也 (효지시야) 바로 효도의 시작이요

| 立 | 身 | 行 | 道 |
|---|---|---|---|
| 설 **립** | 몸 **신** | 행할 **행** | 길 **도** |

**풀이** 立身行道 (입신행도) 출세하여 바른 일을 행하고

| 揚 | 名 | 後 | 世 |
|---|---|---|---|
| 날릴 **양** | 이름 **명** | 뒤 **후** | 세대 **세** |

**풀이** 揚名後世 (양명후세) 이름을 후세에 드날리게 하여

| 以 | 顯 | 父 | 母 |
|---|---|---|---|
| 써 **이** | 나타날 **현** | 아비 **부** | 어미 **모** |

**풀이** 以顯父母 (이현부모) 이로써 부모님의 명성을 빛나게 하는 것이

| 孝 | 之 | 終 | 也 |
|---|---|---|---|
| 효도 **효** | 갈 **지** | 마칠 **종** | 어조사 **야** |

**풀이** 孝之終也 (효지종야) 효도의 끝이니라.

| 事 | | 親 | | 如 | | 此 | |
|---|---|---|---|---|---|---|---|
| 섬길 | 사 | 어버이 | 친 | 같을 | 여 | 이 | 차 |

**풀이** 事親如此 (사친여차) 부모님 섬기는 것이 이와 같다면

| 可 | | 謂 | | 人 | | 子 | |
|---|---|---|---|---|---|---|---|
| 옳을 | 가 | 이를 | 위 | 사람 | 인 | 아들 | 자 |

**풀이** 可謂人子 (가위인자) 사람의 자식이라 이를 수 있을 것이요.

| 不 | | 能 | | 如 | | 此 | |
|---|---|---|---|---|---|---|---|
| 아니 | 불 | 능할 | 능 | 같을 | 여 | 이 | 차 |

**풀이** 不能如此 (불능여차) 능히 이와 같지 않다면

| 禽 | | 獸 | | 無 | | 異 | |
|---|---|---|---|---|---|---|---|
| 날짐승 | 금 | 짐승 | 수 | 없을 | 무 | 다를 | 이 |

**풀이** 禽獸無異 (금수무이) 짐승과 다를 바 없느니라.

| 事 | | 君 | | 之 | | 道 | |
|---|---|---|---|---|---|---|---|
| 섬길 | 사 | 임금 | 군 | 갈 | 지 | 길 | 도 |

**풀이** 事君之道 (사군지도) 임금을 섬기는 도리가

| 與 | | 父 | | 一 | | 體 | |
|---|---|---|---|---|---|---|---|
| 더불어 | 여 | 아비 | 부 | 한 | 일 | 몸 | 체 |

**풀이** 與父一體 (여부일체) 아버님을 섬기는 것과 한 가
지이니

使臣以禮(사신이례)

| 使 | 臣 | 以 | 禮 |
|---|---|---|---|
| 부릴 **사** | 신하 **신** | 써 **이** | 예도 **례** |

**풀이** 使臣以禮(사신이례) 임금은 신하를 예로써 다스려야 할 것이요

| 事 | 君 | 以 | 忠 |
|---|---|---|---|
| 섬길 **사** | 임금 **군** | 써 **이** | 충성 **충** |

**풀이** 事君以忠(사군이충) 신하는 임금을 충성으로써 섬길 것이니라.

| 盡 | 己 | 謂 | 忠 |
|---|---|---|---|
| 다할 **진** | 몸 **기** | 이를 **위** | 충성 **충** |

**풀이** 盡己謂忠(진기위충) 전력을 다하여 보필함이 충(忠)이요

| 以 | | 實 | | 謂 | | 信 | |
|---|---|---|---|---|---|---|---|
| 써 | 이 | 참될 | 실 | 이를 | 위 | 믿을 | 신 |

풀이  以實謂信 (이실위신) 성실(誠實)로 대하는 것이 신의(信義)이니

| 人 | | 不 | | 忠 | | 信 | |
|---|---|---|---|---|---|---|---|
| 사람 | 인 | 아니 | 불 | 충성 | 충 | 믿을 | 신 |

풀이  人不忠信 (인불충신) 사람이 충성과 신의가 없다면

| 何 | | 謂 | | 人 | | 乎 | |
|---|---|---|---|---|---|---|---|
| 어찌 | 하 | 이를 | 위 | 사람 | 인 | 어조사 | 호 |

풀이  何謂人乎 (하위인호) 어찌 사람이라 이르겠는가

| 修 | 身 | 齊 | 家 |
|---|---|---|---|
| 닦을 수 | 몸 신 | 가지런할 제 | 집 가 |

**풀이** 修身齊家(수신제가) 자신을 수양하고 집안을 잘 다스리는 것은

| 治 | 國 | 之 | 本 |
|---|---|---|---|
| 다스릴 치 | 나라 국 | 갈 지 | 근본 본 |

**풀이** 治國之本(치국지본) 나라를 다스리는 근본이요,

| 士 | 農 | 工 | 商 |
|---|---|---|---|
| 선비 사 | 농사 농 | 장인 공 | 상인 상 |

**풀이** 士農工商(사농공상) 선비와 농부와 장인과 상인은

| 德 | | 崇 | | 業 | | 廣 | |
|---|---|---|---|---|---|---|---|
| 덕 | 덕 | 높일 | 숭 | 업 | 업 | 넓을 | 광 |

**풀이** 德崇業廣(덕숭업광) 덕이 높아지면 사업이 번창하리라.

| 夫 | | 婦 | | 之 | | 道 | |
|---|---|---|---|---|---|---|---|
| 남편 | 부 | 아내 | 부 | 갈 | 지 | 길 | 도 |

**풀이** 夫婦之道(부부지도) 남편과 아내의 도리(道理)는

| 異 | | 姓 | | 之 | | 合 | |
|---|---|---|---|---|---|---|---|
| 다를 | 이 | 성 | 성 | 갈 | 지 | 합할 | 합 |

**풀이** 異姓之合(이성지합) 서로 다른 성(姓)과의 결합이라.

| 夫 | | 道 | | 剛 | | 直 | |
|---|---|---|---|---|---|---|---|
| 남편 | 부 | 길 | 도 | 군셀 | 강 | 곧을 | 직 |

풀이 　夫道剛直 (부도강직) 남편의 도는 굳세고 곧아야
　　　하고

| 婦 | | 德 | | 柔 | | 順 | |
|---|---|---|---|---|---|---|---|
| 아내 | 부 | 덕 | 덕 | 부드러울 | 유 | 순할 | 순 |

풀이 　婦德柔順 (부덕유순) 아내의 덕은 부드럽고 온순해
　　　야 하며

| 愛 | | 之 | | 敬 | | 之 | |
|---|---|---|---|---|---|---|---|
| 사랑 | 애 | 갈 | 지 | 공경할 | 경 | 갈 | 지 |

풀이 　愛之敬之 (애지경지) 서로 사랑하고 공경하는 것이

| 夫 | | 婦 | | 之 | | 禮 | |
|---|---|---|---|---|---|---|---|
| 남편 | 부 | 아내 | 부 | 갈 | 지 | 예도 | 례 |

**풀이** 夫婦之禮(부부지례) 부부간의 예의이니

| 夫 | | 唱 | | 婦 | | 隨 | |
|---|---|---|---|---|---|---|---|
| 남편 | 부 | 부를 | 창 | 아내 | 부 | 따를 | 수 |

**풀이** 夫唱婦隨(부창부수) 남편이 계획하고 아내가 이에
따르면

| 家 | | 道 | | 成 | | 矣 | |
|---|---|---|---|---|---|---|---|
| 집 | 가 | 길 | 도 | 이룰 | 성 | 어조사 | 의 |

**풀이** 家道成矣(가도성의) 집안의 질서가 잘 이루어지리
라.

| 貧 | | 窮 | | 患 | | 難 | |
|---|---|---|---|---|---|---|---|
| 가난할 | 빈 | 궁할 | 궁 | 근심 | 환 | 어려울 | 난 |

**풀이** 貧窮患難(빈궁환난) 빈궁과 환난에 처한 사람이
있을 경우엔

| 親 | | 戚 | | 相 | | 救 | |
|---|---|---|---|---|---|---|---|
| 친할 | 친 | 겨레 | 척 | 서로 | 상 | 구할 | 구 |

**풀이** 親戚相救(친척상구) 일가 친척끼리 서로 구원하여
주고

| 婚 | | 姻 | | 喪 | | 死 | |
|---|---|---|---|---|---|---|---|
| 혼인할 | 혼 | 혼인 | 인 | 복입을 | 상 | 죽을 | 사 |

**풀이** 婚姻喪死(혼인상사) 이웃 중에 혼인이나 초상이
나는 경우엔

| 隣 | | 保 | | 相 | | 助 | |
|---|---|---|---|---|---|---|---|
| 이웃 | 린 | 보호할 | 보 | 서로 | 상 | 도울 | 조 |

**풀이** 隣保相助 (인보상조) 이웃끼리 서로 도와주어야 하느니라.

| 兄 | | 弟 | | 姉 | | 妹 | |
|---|---|---|---|---|---|---|---|
| 맏 | 형 | 아우 | 제 | 누이 | 자 | 손아래누이 | 매 |

**풀이** 兄弟姉妹 (형제자매) 형제와 자매, 곧 동기간엔

| 友 | | 愛 | | 而 | | 已 | |
|---|---|---|---|---|---|---|---|
| 벗 | 우 | 사랑 | 애 | 말이을 | 이 | 이미 | 이 |

**풀이** 友愛而已 (우애이이) 서로 우애할 따름이니라.

| 骨 | | 肉 | | 雖 | | 分 | |
|---|---|---|---|---|---|---|---|
| 뼈 | 골 | 고기 | 육 | 비록 | 수 | 나눌 | 분 |

**풀이** 骨肉雖分 (골육수분) 동기간은 비록 뼈와 살이 갈라져 있으나

| 本 | | 生 | | 一 | | 氣 | |
|---|---|---|---|---|---|---|---|
| 근본 | 본 | 날 | 생 | 한 | 일 | 기운 | 기 |

**풀이** 本生一氣 (본생일기) 원래는 한 기운에서 났음이요.

| 形 | | 體 | | 雖 | | 各 | |
|---|---|---|---|---|---|---|---|
| 형상 | 형 | 몸 | 체 | 비록 | 수 | 각각 | 각 |

**풀이** 形體雖各 (형체수각) 형체가 비록 각각 다르다하나

| 素 | | 受 | | 一 | | 血 | |
|---|---|---|---|---|---|---|---|
| 본디 | 소 | 받을 | 수 | 한 | 일 | 피 | 혈 |

**풀이** 素受一血(소수일혈) 본디는 부모님의 한 피를 이어 받은 것이니

| 比 | | 之 | | 於 | | 木 | |
|---|---|---|---|---|---|---|---|
| 견줄 | 비 | 갈 | 지 | 어조사 | 어 | 나무 | 목 |

**풀이** 比之於木(비지어목) 이를 나무에 비유하면

| 同 | | 根 | | 異 | | 枝 | |
|---|---|---|---|---|---|---|---|
| 한가지 | 동 | 뿌리 | 근 | 다를 | 이 | 가지 | 지 |

**풀이** 同根異枝(동근이지) 한 뿌리에서 자라나는 각각 다른 가지들과 같음이요.

| 比 | 之 | 於 | 水 |
|---|---|---|---|
| 견줄 비 | 갈 지 | 어조사 어 | 물 수 |

**풀이** 比之於水 (비지어수) 이를 또한 물에 비유한다면

| 同 | 源 | 異 | 流 |
|---|---|---|---|
| 한가지 동 | 근원 원 | 다를 이 | 흐를 류 |

**풀이** 同源異流 (동원이류) 같은 수원에서 흐르다 각각
다른 줄기로 흐름과 같으니라.

| 兄 | 友 | 弟 | 恭 |
|---|---|---|---|
| 맏 형 | 벗 우 | 아우 제 | 공손할 공 |

**풀이** 兄友弟恭 (형우제공) 형은 아우를 사랑하고, 아우
는 형을 공경하되

| 不 | | 敢 | | 怒 | | 怨 | |
|---|---|---|---|---|---|---|---|
| 아니 | **불** | 감히 | **감** | 성낼 | **노** | 원망할 | **원** |

**풀이** 不敢怒怨(불감노원) 감히 서로 성내거나 원망하지 않아야 하며

| 私 | | 其 | | 衣 | | 食 | |
|---|---|---|---|---|---|---|---|
| 사사 | **사** | 그 | **기** | 옷 | **의** | 먹을 | **식** |

**풀이** 私其衣食(사기의식) 그 옷과 음식을 나누어 입고, 먹을 줄 모르는 것은

| 夷 | | 狄 | | 之 | | 徒 | |
|---|---|---|---|---|---|---|---|
| 오랑캐 | **이** | 오랑캐 | **적** | 갈 | **지** | 무리 | **도** |

**풀이** 夷狄之徒(이적지도) 오랑캐들의 무리와 같음이니라.

| 만 | 형 | 있을 | 유 | 허물 | 과 | 잃을 | 실 |

**풀이** 兄有過失 (형유과실) 형에게 과실이 있으면

| 온화할 | 화 | 기운 | 기 | 써 | 이 | 간할 | 간 |

**풀이** 和氣以諫 (화기이간) 아우는 온화한 기색으로 간하고

| 아우 | 제 | 있을 | 유 | 허물 | 과 | 그르칠 | 오 |

**풀이** 弟有過誤 (제유과오) 아우에게 과오가 있으면

| 怡 | | 聲 | | 以 | | 訓 | |
|---|---|---|---|---|---|---|---|
| 온화할 | 이 | 소리 | 성 | 써 | 이 | 가르칠 | 훈 |

**풀이** 怡聲以訓 (이성이훈) 형은 온화한 음성으로 훈계하며

| 兄 | | 弟 | | 有 | | 疾 | |
|---|---|---|---|---|---|---|---|
| 맏 | 형 | 아우 | 제 | 있을 | 유 | 병 | 질 |

**풀이** 兄弟有疾 (형제유질) 형제 중에 질병이 있으면

| 憫 | | 而 | | 思 | | 救 | |
|---|---|---|---|---|---|---|---|
| 불쌍히여길 | 민 | 말이을 | 이 | 생각할 | 사 | 구할 | 구 |

**풀이** 憫而思救 (민이사구) 이를 가엾이 여겨 구해 줄 생각을 해야 하고

| 兄 | | 弟 | | 有 | | 惡 | |
|---|---|---|---|---|---|---|---|
| 맏 | 형 | 아우 | 제 | 있을 | 유 | 나쁠 | 악 |

**풀이** 兄弟有惡 (형제유악) 형제 중에 나쁜 일이 있으면

| 隱 | | 而 | | 勿 | | 視 | |
|---|---|---|---|---|---|---|---|
| 근심할 | 은 | 말이을 | 이 | 말 | 물 | 볼 | 시 |

**풀이** 隱而勿視 (은이물시) 속으로 근심하며 보고만 있지 말라.

| 率 | | 先 | | 垂 | | 範 | |
|---|---|---|---|---|---|---|---|
| 거느릴 | 솔 | 먼저 | 선 | 드리울 | 수 | 본보기 | 범 |

**풀이** 率先垂範 (솔선수범) 스스로 앞장서서 몸소 실천하여 보이면

| 兄 | 弟 | 亦 | 效 |
|---|---|---|---|
| 맏 형 | 아우 제 | 또 역 | 본받을 효 |

**풀이** 兄弟亦效(형제역효) 형제들도 또한 본받을 것이며

| 我 | 有 | 憂 | 患 |
|---|---|---|---|
| 나 아 | 있을 유 | 근심 우 | 근심 환 |

**풀이** 我有憂患(아유우환) 나에게 근심과 걱정이 있으면

| 兄 | 弟 | 亦 | 憂 |
|---|---|---|---|
| 맏 형 | 아우 제 | 또 역 | 근심 우 |

**풀이** 兄弟亦憂(형제역우) 형제들도 또한 같이 근심할 것이며

**풀이** 我有歡樂(아유환락) 나에게 기쁜 일과 즐거운 일
이 있으면

**풀이** 姉妹亦樂(자매역락) 손위 누이나 손아래 누이들도
즐거워 하나니

**풀이** 雖有他親(수유타친) 비록 달리 친한 사람이 있다
하더라도

| 豈 | | 能 | | 如 | | 此 | |
|---|---|---|---|---|---|---|---|
| 어찌 | 기 | 능할 | 능 | 같을 | 여 | 이 | 차 |

**풀이** 豈能如此(기능여차) 어찌 이 형제와 능히 같을 수 있으리오.

| 我 | | 事 | | 人 | | 親 | |
|---|---|---|---|---|---|---|---|
| 나 | 아 | 섬길 | 사 | 사람 | 인 | 친할 | 친 |

**풀이** 我事人親(아사인친) 내가 남을 친절하게 대한다면

| 人 | | 事 | | 我 | | 親 | |
|---|---|---|---|---|---|---|---|
| 사람 | 인 | 섬길 | 사 | 나 | 아 | 친할 | 친 |

**풀이** 人事我親(인사아친) 남도 나를 친절히 대해 줄 것이니라.

| 長 | | 者 | | 慈 | | 幼 | |
|---|---|---|---|---|---|---|---|
| 어른 | 장 | 사람 | 자 | 사랑 | 자 | 어릴 | 유 |

**풀이** 長者慈幼 (장자자유) 어른은 어린이를 사랑하고

| 幼 | | 者 | | 敬 | | 長 | |
|---|---|---|---|---|---|---|---|
| 어릴 | 유 | 사람 | 자 | 공경할 | 경 | 어른 | 장 |

**풀이** 幼者敬長 (유자경장) 어린이는 어른을 공경하며

| 長 | | 者 | | 賜 | | 果 | |
|---|---|---|---|---|---|---|---|
| 어른 | 장 | 사람 | 자 | 줄 | 사 | 과실 | 과 |

**풀이** 長者賜果 (장자사과) 어른이 과일을 주시면

| 核 | 子 | 在 | 手 |
|---|---|---|---|
| 씨 **핵** | 아들 **자** | 있을 **재** | 손 **수** |

**풀이** 核子在手 (**핵자재수**) 먹고 난 후 씨는 아무데나 버리지 말고 손에 가지고 있어야 하느니라.

| 人 | 之 | 處 | 世 |
|---|---|---|---|
| 사람 **인** | 갈 **지** | 살(곳) **처** | 세상 **세** |

**풀이** 人之處世 (**인지처세**) 사람이 세상을 살아감에

| 不 | 可 | 無 | 友 |
|---|---|---|---|
| 아니 **불** | 옳을 **가** | 없을 **무** | 벗 **우** |

**풀이** 不可無友 (**불가무우**) 벗이 없을 수 없나니

| 擇 | 友 | 交 | 之 |
|---|---|---|---|
| 가릴 **택** | 벗 **우** | 사귈 **교** | 갈 **지** |

**풀이** 擇友交之 (택우교지) 벗을 가려서 사귀면

| 有 | 所 | 補 | 益 |
|---|---|---|---|
| 있을 **유** | 바 **소** | 도울 **보** | 더할 **익** |

**풀이** 有所補益 (유소보익) 본받을 바가 있을 것이다.

| 友 | 其 | 德 | 也 |
|---|---|---|---|
| 벗 **우** | 그 **기** | 덕 **덕** | 어조사 **야** |

**풀이** 友其德也 (우기덕야) 벗은 덕으로써 사귀어야 하며

| 不 | 可 | 有 | 挾 |
|---|---|---|---|
| 아니 **불** | 옳을 **가** | 있을 **유** | 가질 **협** |

풀이 不可有挾(불가유협) 그 덕을 믿고 자만한 행동이 있어서는 아니되느니라.

| 友 | 其 | 正 | 人 |
|---|---|---|---|
| 벗 **우** | 그 **기** | 바를 **정** | 사람 **인** |

풀이 友其正人(우기정인) 벗이 만일 정직한 사람이라면

| 我 | 亦 | 自 | 正 |
|---|---|---|---|
| 나 **아** | 또 **역** | 스스로 **자** | 바를 **정** |

풀이 我亦自正(아역자정) 나 또한 스스로 정직한 사람이 될 것이니라.

| 從 | 遊 | 邪 | 人 |
|---|---|---|---|
| 좇을 **종** | 놀 **유** | 간사할 **사** | 사람 **인** |

**풀이** 從遊邪人 (종유사인) 간사한 사람과 어울리면

| 予 | 亦 | 自 | 邪 |
|---|---|---|---|
| 나(줄) **여** | 또 **역** | 스스로 **자** | 간사할 **사** |

**풀이** 予亦自邪 (여역자사) 자신도 모르는 사이 간사한 사람이 되며

| 近 | 墨 | 者 | 黑 |
|---|---|---|---|
| 가까울 **근** | 먹 **묵** | 놈 **자** | 검을 **흑** |

**풀이** 近墨者黑 (근묵자흑) 먹을 가까이 하는 사람은 검어지고

近 가까울 근 | 朱 붉을 주 | 者 놈 자 | 赤 붉을 적

**풀이** 近朱者赤 (근주자적) 붉은 것을 가까이 하는 사람
은 붉어지며

蓬 쑥 봉 | 生 날 생 | 麻 삼 마 | 中 가운데 중

**풀이** 蓬生麻中 (봉생마중) 쑥이 삼밭에 자라면

不 아니 불 | 扶 도울 부 | 自 스스로 자 | 直 곧을 직

**풀이** 不扶自直 (불부자직) 붙들어매지 않더라도 저절로
곧아지며

| 白 | 沙 | 在 | 泥 |
|---|---|---|---|
| 흰 백 | 모래 사 | 있을 재 | 진흙 니 |

**풀이** 白沙在泥(백사재니) 흰 모래가 진흙에 섞여 있으면

| 不 | 染 | 自 | 陋 |
|---|---|---|---|
| 아니 불 | 물들일 염 | 스스로 자 | 더러울 루 |

**풀이** 不染自陋(불염자루) 물들이지 않더라도 저절로 더러워진다.

| 居 | 必 | 擇 | 隣 |
|---|---|---|---|
| 살 거 | 반드시 필 | 가릴 택 | 이웃 린 |

**풀이** 居必擇隣(거필택린) 필히 이웃을 가리어 거처를 정하며

**[풀이]** 就必有德 (취필유덕) 나아가는 데는 반드시 덕이 있어야 하며

**[풀이]** 哀慶相問 (애경상문) 슬픈 일이나 경사스러운 일에 서로 찾아보는 것은

**[풀이]** 美風良俗 (미풍양속) 아름답고 좋은 풍속이니라.

| 不 | | 責 | | 我 | | 身 | |
|---|---|---|---|---|---|---|---|
| 아니 | 불 | 꾸짖을 | 책 | 나 | 아 | 몸 | 신 |

**풀이** 不責我身 (불책아신) 나의 잘못을 보고도 책망해주
지 않는 사람이라면

| 諂 | | 諛 | | 之 | | 人 | |
|---|---|---|---|---|---|---|---|
| 아첨할 | 첨 | 아첨할 | 유 | 갈 | 지 | 사람 | 인 |

**풀이** 諂諛之人 (첨유지인) 아첨꾼에 지나지 않으며

| 面 | | 責 | | 我 | | 過 | |
|---|---|---|---|---|---|---|---|
| 낯 | 면 | 꾸짖을 | 책 | 나 | 아 | 허물 | 과 |

**풀이** 面責我過 (면책아과) 나의 허물을 면전에서 꾸짖어
줄 수 있는 사람이라면

**剛直之人** 

| 軍셀 | 강 | 곧을 | 직 | 갈 | 지 | 사람 | 인 |

**풀이** 剛直之人(강직지인) 이 사람이야 말로 굳고 곧은
사람이며

**朋友責善**

| 벗 | 붕 | 벗 | 우 | 권할 | 책 | 착할 | 선 |

**풀이** 朋友責善(붕우책선) 벗에게 착한 언행을 하도록
권하면

**以友補仁**

| 써 | 이 | 벗 | 우 | 보탤 | 보 | 어질 | 인 |

**풀이** 以友補仁(이우보인) 벗으로 하여금 인덕을 채워주
는 길이다.

**풀이** 厭人責者(염인책자) 남의 책망을 싫어하는 사람이
라면

**풀이** 其行無進(기행무진) 그 행동에 아무런 진보가 없
으며

**풀이** 人無責友(인무책우) 사람이 꾸짖는 벗이 없다면

易 陷 不 義

| 쉬울 | 이 | 빠질 | 함 | 아니 | 불 | 옳을 | 의 |

**풀이** 易陷不義 (이함불의) 자신도 모르게 불의에 빠지기
쉽나니

多 友 之 人

| 많을 | 다 | 벗 | 우 | 갈 | 지 | 사람 | 인 |

**풀이** 多友之人 (다우지인) 많은 벗을 사귀고 있는 사람
이라면

當 事 無 誤

| 마땅할 | 당 | 일 | 사 | 없을 | 무 | 그르칠 | 오 |

**풀이** 當事無誤 (당사무오) 일을 당하여도 그르치는 일이
없을 것이니라.

| 知 | 心 | 而 | 交 |
|---|---|---|---|
| 알 지 | 마음 심 | 말이을 이 | 사귈 교 |

풀이  知心而交(지심이교) 서로 상대의 마음을 알고 사귀려면

| 勿 | 與 | 面 | 交 |
|---|---|---|---|
| 말 물 | 더불어 여 | 낯 면 | 사귈 교 |

풀이  勿與面交(물여면교) 겉으로나 형식적으로 사귀지 말라.

| 彼 | 不 | 大 | 怒 |
|---|---|---|---|
| 저 피 | 아니 불 | 큰 대 | 성낼 노 |

풀이  彼不大怒(피불대노) 저가 크게 화내지 않으려고 조심하는 것은

| 反 | 有 | 我 | 害 |
|---|---|---|---|
| 돌이킬 반 | 있을 유 | 나 아 | 해칠 해 |

**풀이** 反有我害(반유아해) 도리어 내게 해가 있으며

| 我 | 益 | 我 | 害 |
|---|---|---|---|
| 나 아 | 더할 익 | 나 아 | 해칠 해 |

**풀이** 我益我害(아익아해) 나에게 이익이 되거나 손해가 되거나 하는 것은

| 惟 | 在 | 我 | 矣 |
|---|---|---|---|
| 오직 유 | 있을 재 | 나 아 | 어조사 의 |

**풀이** 惟在我矣(유재아의) 오직 나 자신이 하기 나름에 있다.

| 内 | | 疏 | | 外 | | 親 | |
|---|---|---|---|---|---|---|---|
| 안 | 내 | 섬길 | 소 | 바깥 | 외 | 친할 | 친 |

**풀이** 内疏外親 (내소외친) 안으로 탐탁치 않게 생각하면서, 겉으로는 친한 척하면

| 是 | | 謂 | | 不 | | 信 | |
|---|---|---|---|---|---|---|---|
| 이 | 시 | 이를 | 위 | 아니 | 불 | 믿을 | 신 |

**풀이** 是謂不信 (시위불신) 이것을 불신이라 이르며

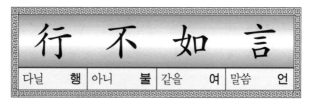

| 行 | | 不 | | 如 | | 言 | |
|---|---|---|---|---|---|---|---|
| 다닐 | 행 | 아니 | 불 | 같을 | 여 | 말씀 | 언 |

**풀이** 行不如言 (행불여언) 행동이 말과 같지 않다면

| 亦 | | 日 | | 不 | | 信 | |
|---|---|---|---|---|---|---|---|
| 또 | 역 | 가로 | 왈 | 아니 | 불 | 믿을 | 신 |

**풀이** 亦日不信(역왈불신) 이 또한 불신이라고 말할 수 있으니

| 欲 | | 爲 | | 君 | | 子 | |
|---|---|---|---|---|---|---|---|
| 하고자할 | 욕 | 할(될) | 위 | 임금 | 군 | 아들 | 자 |

**풀이** 欲爲君子(욕위군자) 군자가 되고자 한다면

| 何 | | 不 | | 行 | | 此 | |
|---|---|---|---|---|---|---|---|
| 어찌 | 하 | 아니 | 불 | 행할 | 행 | 이 | 차 |

**풀이** 何不行此(하불행차) 어찌 이를 행하지 않겠는가?

| 孔 | | 孟 | | 之 | | 道 | |
|---|---|---|---|---|---|---|---|
| 성씨 | **공** | 성씨 | **맹** | 갈 | **지** | 길 | **도** |

풀이 　孔孟之道 (공맹지도) 공자 · 맹자의 도(道)와

| 程 | | 朱 | | 之 | | 學 | |
|---|---|---|---|---|---|---|---|
| 성씨 | **정** | 성씨 | **주** | 갈 | **지** | 배울 | **학** |

풀이 　程朱之學 (정주지학) 정자 · 주자의 학문은

| 正 | | 其 | | 誼 | | 而 | |
|---|---|---|---|---|---|---|---|
| 바를 | **정** | 그 | **기** | 옳을 | **의** | 말이을 | **이** |

풀이 　正其誼而 (정기의이) 그 인의(仁義)를 바르게 하면
　　　 서도

| 不 | | 謀 | | 其 | | 利 | |
|---|---|---|---|---|---|---|---|
| 아니 | 불 | 꾀할 | 모 | 그 | 기 | 이로울 | 리 |

**풀이** 不謀其利(불모기리) 그 이익은 결코 꾀하지 않았
고

| 明 | | 其 | | 道 | | 而 | |
|---|---|---|---|---|---|---|---|
| 밝을 | 명 | 그 | 기 | 길 | 도 | 말이을 | 이 |

**풀이** 明其道而(명기도이) 그 도리를 밝히면서도

| 不 | | 計 | | 其 | | 功 | |
|---|---|---|---|---|---|---|---|
| 아니 | 불 | 꾀할 | 계 | 그 | 기 | 공 | 공 |

**풀이** 不計其功(불계기공) 그 공로는 결코 꾀하지 않았
다.

| 飽 | 食 | 煖 | 衣 |
|---|---|---|---|
| 배부를 **포** | 먹을 **식** | 따뜻할 **난** | 옷 **의** |

**풀이** 飽食煖衣 (포식난의) 배부르게 먹고 따뜻한 옷을 입으면서도

| 逸 | 居 | 無 | 敎 |
|---|---|---|---|
| 편안할 **일** | 살 **거** | 없을 **무** | 가르칠 **교** |

**풀이** 逸居無敎 (일거무교) 편안하게 살고 있을 뿐 배움이 없다면

| 卽 | 近 | 禽 | 獸 |
|---|---|---|---|
| 곧 **즉** | 가까울 **근** | 날짐승 **금** | 짐승 **수** |

**풀이** 卽近禽獸 (즉근금수) 곧 짐승과 가까운 것이니

| 聖 | | 人 | | 憂 | | 之 | |
|---|---|---|---|---|---|---|---|
| 성인 | 성 | 사람 | 인 | 근심 | 우 | 갈 | 지 |

**풀이** 聖人憂之(성인우지) 성인은 이를 근심한다.

| 作 | | 事 | | 謀 | | 始 | |
|---|---|---|---|---|---|---|---|
| 지을 | 작 | 일 | 사 | 꾀할 | 모 | 비로서 | 시 |

**풀이** 作事謀始(작사모시) 일을 하려고 할 때에는 먼저
계획을 세우고

| 出 | | 言 | | 顧 | | 行 | |
|---|---|---|---|---|---|---|---|
| 날 | 출 | 말씀 | 언 | 돌아볼 | 고 | 행할 | 행 |

**풀이** 出言顧行(출언고행) 말을 하려거든 먼저 행실을
되돌아보며

| 常 | 德 | 固 | 持 |
|---|---|---|---|
| 항상 상 | 덕 덕 | 굳을 고 | 가질 지 |

**풀이** 常德固持(상덕고지) 항상 덕을 굳게 지켜 동요함
이 없어야 하고

| 然 | 諾 | 重 | 應 |
|---|---|---|---|
| 그럴 연 | 승낙할 낙 | 무거울 중 | 응할 응 |

**풀이** 然諾重應(연낙중응) 승낙은 신중히 응하라.

| 紙 | 筆 | 墨 | 硯 |
|---|---|---|---|
| 종이 지 | 붓 필 | 먹 묵 | 벼루 연 |

**풀이** 紙筆墨硯(지필묵연) 종이와 붓과 먹과 벼루는

| 文 | 房 | 四 | 友 |
|---|---|---|---|
| 글월 문 | 방 방 | 넉 사 | 벗 우 |

**풀이** 文房四友 (문방사우) 글방의 네 벗이니라.

| 晝 | 耕 | 夜 | 讀 |
|---|---|---|---|
| 낮 주 | 밭갈 경 | 밤 야 | 읽을 독 |

**풀이** 晝耕夜讀 (주경야독) 낮에는 밭갈고 밤에는 글을 읽어서

| 盡 | 事 | 待 | 命 |
|---|---|---|---|
| 다할 진 | 일 사 | 기다릴 대 | 목숨 명 |

**풀이** 盡事待命 (진사대명) 해야할 일을 다하고 천명(天命)을 기다려라.

| 元 | | 亨 | | 利 | | 貞 | |
|---|---|---|---|---|---|---|---|
| 으뜸 | 원 | 형통할 | 형 | 이로울 | 리 | 곧을 | 정 |

**풀이**  元亨利貞 (원형리정) 원·형·이·정은

| 天 | | 道 | | 之 | | 常 | |
|---|---|---|---|---|---|---|---|
| 하늘 | 천 | 길 | 도 | 갈 | 지 | 항상 | 상 |

**풀이**  天道之常 (천도지상) 하늘의 변하지 않는 도리이며

| 仁 | | 義 | | 禮 | | 智 | |
|---|---|---|---|---|---|---|---|
| 어질 | 인 | 옳을 | 의 | 예도 | 례 | 슬기 | 지 |

**풀이**  仁義禮智 (인의예지) 어질고, 의롭고, 예의 바르고, 지혜로움은

| 人 | | 性 | | 之 | | 綱 | |
|---|---|---|---|---|---|---|---|
| 사람 | 인 | 성품 | 성 | 갈 | 지 | 벼리 | 강 |

**풀이** 人性之綱(인성지강) 인간 성품의 근본이요.

| 禮 | | 義 | | 廉 | | 恥 | |
|---|---|---|---|---|---|---|---|
| 예도 | 례 | 옳을 | 의 | 청렴할 | 렴 | 부끄러울 | 치 |

**풀이** 禮義廉恥(예의렴치) 사람의 행해야 할 네 가지 도
　　　　는 예·의·엄·치로

| 是 | | 謂 | | 四 | | 維 | |
|---|---|---|---|---|---|---|---|
| 이 | 시 | 이를 | 위 | 넉 | 사 | 벼리 | 유 |

**풀이** 是謂四維(시위사유) 이를 일러 사유(四維)라고 하
　　　　느니라.

| 積 | | 德 | | 之 | | 家 | |
|---|---|---|---|---|---|---|---|
| 쌓을 | 적 | 덕 | 덕 | 갈 | 지 | 집 | 가 |

**풀이** 積德之家(적덕지가) 덕을 쌓아가는 집안에는

| 必 | | 有 | | 餘 | | 慶 | |
|---|---|---|---|---|---|---|---|
| 반드시 | 필 | 있을 | 유 | 남을 | 여 | 경사 | 경 |

**풀이** 必有餘慶(필유여경) 반드시 그 경사스러움이 자손
까지 미칠것이요

| 積 | | 惡 | | 之 | | 家 | |
|---|---|---|---|---|---|---|---|
| 쌓을 | 적 | 악할 | 악 | 갈 | 지 | 집 | 가 |

**풀이** 積惡之家(적악지가) 악을 쌓아가는 집안에는

| 必 | 有 | 餘 | 殃 |
|---|---|---|---|
| 반드시 **필** | 있을 **유** | 남을 **여** | 재앙 **앙** |

풀이 **必有餘殃(필유여앙)** 반드시 그 재앙이 자손에게까지 미칠 것이니라.

| 君 | 爲 | 臣 | 綱 |
|---|---|---|---|
| 임금 **군** | 할 **위** | 신하 **신** | 벼리 **강** |

풀이 **君爲臣綱(군위신강)** 신하는 임금을 섬기는 것을 근본으로 하고

| 父 | 爲 | 子 | 綱 |
|---|---|---|---|
| 아비 **부** | 할 **위** | 아들 **자** | 벼리 **강** |

풀이 **父爲子綱(부위자강)** 아들은 아버지를 섬김이 근본이고

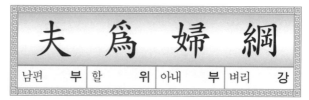

| 夫 | | 爲 | | 婦 | | 綱 | |
|---|---|---|---|---|---|---|---|
| 남편 | 부 | 할 | 위 | 아내 | 부 | 벼리 | 강 |

**풀이** 夫爲婦綱(부위부강) 아내는 남편을 섬김이 근본이
니

| 是 | | 謂 | | 三 | | 綱 | |
|---|---|---|---|---|---|---|---|
| 이 | 시 | 이를 | 위 | 석 | 삼 | 벼리 | 강 |

**풀이** 是謂三綱(시위삼강) 이 세 가지를 삼강(三綱)이라
하느니라.

| 父 | | 子 | | 有 | | 親 | |
|---|---|---|---|---|---|---|---|
| 아비 | 부 | 아들 | 자 | 있을 | 유 | 친할 | 친 |

**풀이** 父子有親(부자유친) 아버지와 아들 사이에는 친함
이 있어야 하고

| 君 | | 臣 | | 有 | | 義 | |
|---|---|---|---|---|---|---|---|
| 임금 | 군 | 신하 | 신 | 있을 | 유 | 옳을 | 의 |

**풀이** 君臣有義(군신유의) 임금과 신하 사이에는 의리가
　　　　있어야 하고

| 夫 | | 婦 | | 有 | | 別 | |
|---|---|---|---|---|---|---|---|
| 남편 | 부 | 아내 | 부 | 있을 | 유 | 다를 | 별 |

**풀이** 夫婦有別(부부유별) 남편과 아내 사이에는 분별이
　　　　있어야 하고

| 長 | | 幼 | | 有 | | 序 | |
|---|---|---|---|---|---|---|---|
| 어른 | 장 | 어릴 | 유 | 있을 | 유 | 차례 | 서 |

**풀이** 長幼有序(장유유서) 어른과 어린이 사이에는 차례
　　　　가 있어야 하고

| 朋 | | 友 | | 有 | | 信 | |
|---|---|---|---|---|---|---|---|
| 벗 | 붕 | 벗 | 우 | 있을 | 유 | 믿을 | 신 |

**풀이** 朋友有信 (봉우유신) 벗과 벗 사이에는 신의가 있어야 하나니

| 是 | | 謂 | | 五 | | 倫 | |
|---|---|---|---|---|---|---|---|
| 이 | 시 | 이를 | 위 | 다섯 | 오 | 인륜 | 륜 |

**풀이** 是謂五倫 (시위오륜) 이것을 오륜(五倫)이라 이르느니라.

| 視 | | 思 | | 必 | | 明 | |
|---|---|---|---|---|---|---|---|
| 볼 | 시 | 생각 | 사 | 반드시 | 필 | 밝을 | 명 |

**풀이** 視思必明 (시사필명) 볼 때는 반드시 분명히 보고 생각해야 하고

| 聽 | 思 | 必 | 聰 |
|---|---|---|---|
| 들을 **청** | 생각 **사** | 반드시 **필** | 귀밝을 **총** |

**풀이** 聽思必聰(**청사필총**) 들을 때에는 반드시 똑똑히 들을 것을 생각하고

| 色 | 思 | 必 | 溫 |
|---|---|---|---|
| 빛 **색** | 생각 **사** | 반드시 **필** | 따뜻할 **온** |

**풀이** 色思必溫 (**색사필온**) 얼굴빛은 반드시 온화하게 나타낼 것을 생각하고

| 貌 | 思 | 必 | 恭 |
|---|---|---|---|
| 모양 **모** | 생각할 **사** | 반드시 **필** | 공손할 **공** |

**풀이** 貌思必恭 (**모사필공**) 거동은 반드시 공손할 것을 생각하고

| 言 | | 思 | | 必 | | 忠 | |
|---|---|---|---|---|---|---|---|
| 말씀 | 언 | 생각할 | 사 | 반드시 | 필 | 충성 | 충 |

**풀이** 言思必忠 (언사필충) 말에는 반드시 충직할 것을 생각하고

| 事 | | 思 | | 必 | | 敬 | |
|---|---|---|---|---|---|---|---|
| 일 | 사 | 생각할 | 사 | 반드시 | 필 | 공경할 | 경 |

**풀이** 事思必敬 (사사필경) 일에는 반드시 신중할 것을 생각하고

| 疑 | | 思 | | 必 | | 問 | |
|---|---|---|---|---|---|---|---|
| 의심할 | 의 | 생각할 | 사 | 반드시 | 필 | 물을 | 문 |

**풀이** 疑思必問 (의사필문) 의문이 있거든 반드시 물을 것을 생각하고

| 忿 | | 思 | | 必 | | 難 | |
|---|---|---|---|---|---|---|---|
| 분할 | 분 | 생각할 | 사 | 반드시 | 필 | 어려울 | 난 |

**풀이**  忿思必難 (분사필난) 분할 일이 있거든 반드시 난
처하게 될 것을 생각하고

| 見 | | 得 | | 思 | | 義 | |
|---|---|---|---|---|---|---|---|
| 볼 | 견 | 얻을 | 득 | 생각할 | 사 | 옳을 | 의 |

**풀이**  見得思義 (견득사의) 이득을 보게 되거든 반드시
의리를 생각하여야 하니

| 是 | | 謂 | | 九 | | 思 | |
|---|---|---|---|---|---|---|---|
| 이 | 시 | 이를 | 위 | 아홉 | 구 | 생각할 | 사 |

**풀이**  是謂九思 (시위구사) 이것을 아홉가지 생각이라 이
른다.

| 足 | | 容 | | 必 | | 重 | |
|---|---|---|---|---|---|---|---|
| 발 | 족 | 모습 | 용 | 반드시 | 필 | 무거울 | 중 |

**풀이** 足容必重 (족용필중) 걸음걸이는 반드시 무게가 있어야 하고

| 手 | | 容 | | 必 | | 恭 | |
|---|---|---|---|---|---|---|---|
| 손 | 수 | 모습 | 용 | 반드시 | 필 | 공손할 | 공 |

**풀이** 手容必恭 (수용필공) 손의 가짐은 반드시 공손하여야 하고

| 頭 | | 容 | | 必 | | 直 | |
|---|---|---|---|---|---|---|---|
| 머리 | 두 | 모습 | 용 | 반드시 | 필 | 곧을 | 직 |

**풀이** 頭容必直 (두용필직) 머리의 가짐은 반드시 곧아야 하고

| 目 | | 容 | | 必 | | 端 | |
|---|---|---|---|---|---|---|---|
| 눈 | 목 | 모습 | 용 | 반드시 | 필 | 끝, 바를 | 단 |

**풀이** 目容必端 (목용필단) 눈의 가짐은 반드시 단정하여
야 하고

| 口 | | 容 | | 必 | | 止 | |
|---|---|---|---|---|---|---|---|
| 입 | 구 | 모습 | 용 | 반드시 | 필 | 그칠 | 지 |

**풀이** 口容必止 (구용필지) 입의 가짐은 반드시 조용하게
하고

| 聲 | | 容 | | 必 | | 靜 | |
|---|---|---|---|---|---|---|---|
| 소리 | 성 | 모습 | 용 | 반드시 | 필 | 고요할 | 정 |

**풀이** 聲容必靜 (성용필정) 소리를 낼 때는 반드시 고요
하게 하고

| 氣 | 容 | 必 | 肅 |
|---|---|---|---|
| 기운 **기** | 모습 **용** | 반드시 **필** | 엄숙할 **숙** |

**풀이** 氣容必肅 (기용필숙) 호흡의 가짐은 반드시 엄숙하게 하고

| 立 | 容 | 必 | 德 |
|---|---|---|---|
| 설 **립** | 모습 **용** | 반드시 **필** | 덕 **덕** |

**풀이** 立容必德 (입용필덕) 서 있는 자세는 반드시 바르고 의젓해야 하고

| 色 | 容 | 必 | 莊 |
|---|---|---|---|
| 빛 **색** | 모습 **용** | 반드시 **필** | 장중할 **장** |

**풀이** 色容必莊 (색용필장) 얼굴빛은 반드시 엄숙하고 단정하여야 하나니

| 是 | | 謂 | | 九 | | 容 | |
|---|---|---|---|---|---|---|---|
| 볼 | 시 | 이를 | 위 | 아홉 | 구 | 모습 | 용 |

**풀이** 是謂九容 (시위구용) 이 9가지 몸가짐을 군자로서 행해야 할 구용(九容)이라 이른다.

| 事 | | 師 | | 如 | | 親 | |
|---|---|---|---|---|---|---|---|
| 섬길 | 사 | 스승 | 사 | 같을 | 여 | 어버이 | 친 |

**풀이** 事師如親 (사사여친) 스승 섬기기를 부모와 같이 하여

| 必 | | 恭 | | 必 | | 敬 | |
|---|---|---|---|---|---|---|---|
| 반드시 | 필 | 공손할 | 공 | 반드시 | 필 | 공경할 | 경 |

**풀이** 必恭必敬 (필공필경) 반드시 공손하고 반드시 공경 하라.

| 不 | 敎 | 不 | 明 |
|---|---|---|---|
| 아니 불 | 가르칠 교 | 아니 불 | 밝을 명 |

**풀이** 不敎不明(불교불명) 스승으로부터 가르침을 받지 않아서 명철하지 않다면

| 不 | 知 | 何 | 行 |
|---|---|---|---|
| 아니 부 | 알 지 | 어찌 하 | 행할 행 |

**풀이** 不知何行(부지하행) 사리(事理)를 알지 못하니 무엇을 어떻게 행하겠는가.

| 能 | 孝 | 能 | 悌 |
|---|---|---|---|
| 능할 능 | 효도 효 | 능할 능 | 공손할 제 |

**풀이** 能孝能悌(능효능제) 효도할 수 있고 공손할 수 있는 것은

莫 非 師 恩

| 아닐 | 막 | 아닐 | 비 | 스승 | 사 | 은혜 | 은 |

풀이 莫非師恩(막비사은) 스승의 은혜가 아닌 것이 없고

能 和 能 信

| 능할 | 능 | 화할 | 화 | 능할 | 능 | 믿을 | 신 |

풀이 能和能信(능화능신) 화목할 수 있고 신의를 지킬 수 있는 것도

摠 是 師 功

| 거느릴 | 摠 | 이 | 시 | 스승 | 사 | 공 | 공 |

풀이 摠是師功(총시사공) 그 모두가 스승의 공로요

| 三 | | 綱 | | 五 | | 倫 | |
|---|---|---|---|---|---|---|---|
| 석 | 삼 | 벼리 | 강 | 다섯 | 오 | 인륜 | 륜 |

**풀이** 三綱五倫(삼강오륜) 사람으로서 반드시 지켜야 할 삼강과 오륜을 아는 것도

| 惟 | | 師 | | 敎 | | 之 | |
|---|---|---|---|---|---|---|---|
| 오직 | 유 | 스승 | 사 | 가르칠 | 교 | 갈 | 지 |

**풀이** 惟師敎之(유사교지) 오직 스승께서 가르쳐 주신 은덕이요

| 非 | | 爾 | | 自 | | 行 | |
|---|---|---|---|---|---|---|---|
| 아닐 | 비 | 너 | 이 | 스스로 | 자 | 행할 | 행 |

**풀이** 非爾自行(비이자행) 네 스스로의 행실이 아닌 것은

| 惟 | 師 | 導 | 之 |
|---|---|---|---|
| 오직 유 | 스승 사 | 인도할 도 | 갈 지 |

**풀이** 惟師導之(유사도지) 오직 스승이 이를 인도한 것이니

| 其 | 恩 | 其 | 德 |
|---|---|---|---|
| 그 기 | 은혜 은 | 그 기 | 덕 덕 |

**풀이** 其恩其德(기은기덕) 그 은혜와 그 덕은

| 亦 | 如 | 天 | 地 |
|---|---|---|---|
| 또 역 | 같을 여 | 하늘 천 | 땅 지 |

**풀이** 亦如天地(역여천지) 하늘과 같이 높고 땅과 같이 두터우니라.

| 欲 | 孝 | 父 | 母 |
|---|---|---|---|
| 하고자할 욕 | 효도 효 | 아비 부 | 어미 모 |

**풀이** 欲孝父母 (욕효부모) 부모님께 효도하고자 하면서

| 何 | 不 | 敬 | 師 |
|---|---|---|---|
| 어찌 하 | 아니 불 | 공경할 경 | 스승 사 |

**풀이** 何不敬師 (하불경사) 어찌 스승을 공경하지 않으리오

| 報 | 恩 | 以 | 力 |
|---|---|---|---|
| 갚을 보 | 은혜 은 | 써 이 | 힘 력 |

**풀이** 報恩以力 (보은이력) 은혜를 갚고자 애씀이

**풀이** 人之道也 (인지도야) 사람의 도리(道理)니라.

**풀이** 師有疾病 (사유질병) 스승에게 질병이 있으시면

**풀이** 卽必藥之 (즉필약지) 곧 반드시 약을 드려야 하고

| 問 | 爾 | 童 | 子 |
|---|---|---|---|
| 물을 문 | 너 이 | 아이 동 | 아들 자 |

**풀이** 問爾童子(문이동자) 너의 어린 아들에게 물어

| 或 | 忘 | 師 | 德 |
|---|---|---|---|
| 혹 혹 | 잊을 망 | 스승 사 | 덕 덕 |

**풀이** 或忘師德(혹망사덕) 혹 스승의 은덕을 잊지나 않
았나 알아보아라.

| 莫 | 以 | 不 | 見 |
|---|---|---|---|
| 아닐 막 | 써 이 | 아니 불 | 나타날 현 |

**풀이** 莫以不見(막이불현) 앞길이 나타나지 않는다고 하
여

| 敢 | | 邪 | | 此 | | 心 | |
|---|---|---|---|---|---|---|---|
| 감히 | **감** | 간사할 | **사** | 이 | **차** | 마음 | **심** |

**풀이** 敢邪此心 (**감사차심**) 감히 마음을 간사하게 갖지
말라.

| 觀 | | 此 | | 書 | | 字 | |
|---|---|---|---|---|---|---|---|
| 볼 | **관** | 이 | **차** | 글, 책 | **서** | 글자 | **자** |

**풀이** 觀此書字 (**관차서자**) 이 <사자소학>을 깨우친 자
로써

| 何 | | 忍 | | 不 | | 孝 | |
|---|---|---|---|---|---|---|---|
| 어찌 | **하** | 참을 | **인** | 아니 | **불** | 효도 | **효** |

**풀이** 何忍不孝 (**하인불효**) 어찌 참지 못하고 불효한 마
음을 갖을 수 있겠는가.

부 록

# 제례(祭禮)의 종류(種類)

## 기 제

기제는 기일제사의 약칭으로 기일 즉, 고인이 돌아가신 날에 해마다 한번씩 지내는 제사를 말한다. 기제는 오늘날의 가정에서 가장 중요한 제사로 인식되고 있다. 기제의 봉사대상은 과거에는 『주자가례』에 따라 4대조까지였으나 요즘에는 2대조까지와 후손이 없는 3촌 이내의 존, 비속에 한해서만 기제를 지낸다. 원래는 고인이 돌아가신 날 자정부터 새벽 1시 사이 모두가 잠든 조용한 시간에 지낸다. 제사는 제주의 집에서 지내는데, 고인의 장자나 장손이 제주로서 제사를 주재한다. 장자나 장손이 없을 때는 차자나 차손이 주관한다. 제사에 참석하는 사람은 고인의 직계자손으로 하며 가까운 친척도 참석할 수 있다.

## 시 제

시제는 원래 사시제라고 부르던 것으로서 1년에 네 번 즉, 춘하추동의 계절마다 고조 이하의 조상을 함께 제사하던 합동제사의 하나이다. 시제는 고전예법에서 정제라고 불리는 것으로서 가장 중요하게 생각된 제사였다. 고대에는 제사란 곧 시제를 말하는 것으로 제사의 으뜸이었으나 조선시대 이후 기제가 중시되면서 점차 퇴색되어 갔다. 또한 일년에 행하는 제사의 횟수가 많아지면서 현재는 보통 1년에 한 번만 행하고 있다. 시제는 조상을 모신 사당에서 거행하는 것이 원칙이지만 사당이 협소할 경우에는 정침의 대청에서도 행해졌다.

## 차 례

차례는 간소한 약식제사로서 음력 매월 초하룻날과 보름날, 그리고 명절이나 조상의 생신 날에 지내며 보통 아침이나 낮에 지낸다. 『가례(家禮)』를 비롯한 예서에는 차례라는 것은 없으나 우리 나라에서 관습적으로 민속 명절에 조상에게 올리는 제사이다. 차례는 기제를 지내는 조상에게 지낸다. 예를 들어 고조부모까지 4대를 봉사하는 가정에서는 고조부모, 증조부모, 조부모, 그리고 돌아가신 부모 등 여덟 분의 조상이 대상이 된다. 차례는 명절날 아침에 각 가정에서 조상의 신주나 지방 또는 사진을 모시고 지낸다. 차례도 물론 기제를 지내는 장손의 집에서 지내는 것이 원칙이지만 지방이나 가문의 전통에 따라 한식이나 추석에는 산소에서 지내기도 한다.

## 묘 제

묘제는 산소를 찾아가서 드리는 제사이다. 제찬은 기제와 마찬가지로 준비하고 토지 신에게도 따로 제수를 마련하여 제사를 지낸다. 『고례』에 의하면 제주를 비롯한 여러 참사자들이 검은 갓과 흰옷을 갖추고, 일찍 산소에 찾아가 제배하고, 산소를 둘러보면서 세 번 이상 잘 살피며 풀이 있으면 벌초하고 산소 앞을 깨끗하게 쓸고 난 후 산소의 왼쪽에 자리를 마련한다. 토지신에게 먼저 제사를 지낸 뒤, 산소 앞에 정한 자리를 깔고, 제찬을 진설한다. 묘제는 그 장소가 산소이므로 그 진행 차례도 집안에서 지내는 제사와 다르며 과거에는 산신에 대한 제사가 따로 있었다.

## 한식

한식은 청명 다음날로 동짓날로부터 계산해서 10일째 되는 날이다. 이 날은 예로부터 조상께 제사를 지내고 성묘를 가는 것이 관습이었다. 한식이란 말은 옛날 중국에서 비바람이 심해서 불을 때지 않고 찬밥을 먹었다는 풍속에서 비롯된 것이다.

# 제례(祭禮)의 순서(順序)

### 제례란?

신앙의 대상인 신, 또는 사령에 대하여 인간이 종교적으로 행하는 의식으로 각 나라의 자연적 조건이나 각 민족의 풍속, 종교 및 시대의 변천에 따라서 그 의식의 방법이 다르다.

### 1. 분향(焚香) 강신(降神)

강신이란 신위께서 강림하시어 음식을 드시기를 청한다는 뜻이다. 제주 이하 모든 참사자가 차례대로 선 뒤 제주가 신위 앞에 나아가 끓어앉아 분향하고 집사가 술을 따라 제주에게 주면, 제주는 잔을 받아서 모사(茅沙) 그릇에 세 번 나누어 붓고 빈잔을 집사에게 다시 돌려주고 집사는 다시 상위에 올린다. 제주는 일어나서 두 번 절한다.

### 2. 참신(參神)

참신이란 강신을 마친 후 제주 이하 모든 참석자가 함께 2번 절하는 것을 말한다.

### 3. 초헌(初獻)

초헌이란 제주가 신위앞에 나아가 끓어앉아 분향한 후

부
록

집사자가 잔을 제주에게 주고, 제주는 잔을 받아 집사자가
술을 따르면 제주는 강신할 때와 같이 오른 손으로 잔을
들어 모사그릇에 조금씩 3번 기우려 부은 다음 양손으로
받들어 집사자에게 주면, 집사자는 그것을 받아서 제상에
올린다.

먼저 고위(아버지의 위) 앞에 올리고, 2번째 잔을 받아서
그대로 비위(어머니의 위) 앞에 올린다.

## 4. 독 축(讀祝)

독축이란 축문을 읽으면서 제사를 받는 조상께 제사의
연유와 정성스런 감회를 고하고 마련한 제수를 권하는 것
이다. 축문을 다 읽고 나면 모든 제관은 일어서고 초헌관만
두 번 절한다.

## 5. 아 헌(亞獻)

아헌이란 두번째 올리는 잔을 말한다.

두번째 잔은 주부가 올리는 것이 예이지만 주부가 올리
기 어려울 때는 제주의 다음가는 근친자나 장손이 올린다.
(주부가 올릴 때는 4번 절한다)

## 6. 종 헌(終獻)

종헌이란 3번째 올리는 잔을 말한다.

종헌은 아헌자의 다음가는 근친자가 아헌 때의 예절과
같이 행한다.

## 7. 계반(參神)

계반은 메(밥)그릇 및 탕이나 반찬의 뚜껑을 열어 놓는 것을 말한다.

## 8. 삽시(插匙)

삽시는 메그릇에 수저를 꽂는 것을 말한다.

이때에는 반드시 숟가락 바닥이 우측으로 향하도록 꽂아야 한다. (수저는 동쪽으로 향하도록 꽂는다.)

## 9. 합문(闔門)

합문이란 참석자 일동이 문을 닫는 것을 말하는 것인데, 대청이나 마루에서 조용히 기다려야 한다. (합문의 시간은 합을 9번 떠먹을 동안의 시간이어야 한다) (대청의 경우에는 뜰 아래로 내려서 있어야 한다)

## 10. 개문(開門)

제주가 방 앞에 서서 기침을 한 다음 문을 열고 일동과 함께 들어간다.

## 11. 헌다(獻茶)

숭늉을 갱(국)과 바꾸어 올리고 메를 조금씩 3번 떠서 말아놓고 정저한다.

부
록

## 12. 철시복반(撤匙復飯)

철시복반이란 숭늉그릇에 있는 수저를 거두고 메 그릇을 덮는 것을 말한다.

## 13. 사 신(辭神)

제사에 참여한 사람이 조상을 보내는 작별 인사를 드리는 절차로 참석자 모두가 두번 절한다. 신주일 경우에는 사당에 모시고, 지방과 축문을 불태운다.

## 14. 철 상(撤床)

모든 제상 음식을 물리는 것을 말하며, 제상의 위쪽에서부터 다른 상으로 공손하게 옮겨 물린다.

## 15. 음 복(飮福)

조상이 주시는 복된 음식이라 하며, 제사 참석자가 모두 모여서 제수와 제주를 나누어 먹는다.

# 제물진설(祭物陳設)

## 제 상(祭床)

제물은 실과를 먼저 올리며 제관의 왼쪽으로 부터 차례
대로 진설하여야 한다.

### 1. 과일 진설

조(棗), 율(栗), 이(梨), 시(柿)라 하여 대추, 밤, 배(혹
은 사과), 감(곶감)의 순서대로 진설하며, 그 외의 과일들
은 정해진 순서가 따로 없으며, 망과(넝클과일)를 쓰기도
한다.

복숭아는 쓰지 아니하며 과일줄의 끝에는 조과류(손으
로 만든 과자)를 쓰되 그 순서는 다식류(송화, 녹말, 흑임
자)를 먼저 쓰고, 그 다음이 유과류(산자, 강정 등), 마지
막 끝에 당속류(오화당, 원당, 옥춘)를 사용한다.

### 2. 반찬 진설

좌포우혜라 하여 왼쪽 끝에 포(북어, 대구, 오징어 등)
를 쓰며, 우측 끝에 혜(식혜)를 쓴다.

그 중간에 나물반찬은 콩나물·숙주나물·무나물 순
으로 올리고, 고사리·도라지·나물 등을 쓰기도 하며,
청장(간장)·침채(동치미)는 그 다음에 진설한다.

### 3. 탕 진설

대개는 3탕으로 육탕(육류로 만든 탕), 소탕(두부 채소류로 만든 탕), 어탕(어류로 만든 탕)의 차례로 올리며, 오탕을 사용할 때는 봉탕(닭, 오리), 잡탕 등을 더 올릴 수 있다.

### 4. 적과 전의 진설

대개는 3적으로 육적, 어적, 소적의 순서로 올리며, 오적을 사용할 때는 봉적이나 채소적을 첨가하여 사용하는 예도 있다.

### 5. 메, 갱, 잔의 진설

메(밥)를 왼쪽에, 갱(국)을 오른쪽에 올리며, 잔은 메와 갱 사이에 올린다.

시저(수저와 대접)는, 단위제의 경우에는 메의 왼쪽에 올리며, 양위합제의 경우에는 중간 부분에 올린다.

면(국수)은 건데기만을 왼쪽 끝쪽에 올리고, 편(떡종류)은 오른쪽끝에 올리며, 청(조청.꿀, 설탕)은 왼쪽에 올린다.

### 6. 향상 진설

축판을 올려놓고 향로와 향합을 올려놓으며, 그 밑에 모사그릇, 퇴주그릇, 제주 등을 놓는다. (향상 위에 간혹 모사잔이라 하여 강신할 때 사용하는 잔을 놓기도 한다)

## 제상진설의 원칙

**1. 좌포우혜** (左鮑右醯)
좌측에 포를, 우측에 식혜를 놓는다.

**2. 어동육서** (漁東肉西)
동쪽에 어류, 서쪽에 육류를 놓는다.

**3. 두동미서** (頭東尾西)
생선의 머리는 동쪽 방향, 꼬리는 서쪽 방향으로 한다.

**4. 홍동백서** (紅東白西)
붉은색은 동쪽, 흰색은 서쪽으로 한다.

**5. 조율이시** (棗栗梨柿)
대추, 밤, 배, 감의 순서로 진설한다.
(조율시이라 하여 지방에 따라서는 배와 감을 바꿔 진설한다.)

**6. 생동숙서** (生東熟西)
김치는 동쪽에, 나물은 서쪽에 놓는다.

**7. 건좌습우** (乾左濕右)
마른 것은 좌측에, 젖은 것은 오른쪽에 놓는다.

부
록

**8. 접동잔서** (蝶東盞西)
접시는 동쪽에, 잔은 서쪽에 놓는다.

**9. 우반좌갱**(右飯左羹)
오른쪽에 메(밥)을, 왼쪽에 갱(국)을 놓는다.

**10. 남좌여우** (男左女右)
제상의 왼쪽은 남자, 오른쪽은 여자.

### 제사음식 조리법

(1) 복숭아와 꽁치, 삼치, 갈치 등 생선의 끝자가 치자로 된 것은 사용하지 않는다.
(2) 고추가루와 마늘 양념을 하지 않는다.
(3) 식혜, 탕, 면은 건데기 만을 사용한다.
(4) 음식을 장만할 때는 몸을 깨끗이 하며, 청결하게 조리 를 하여야 한다.

### 제상진설에 유의할점

(1) 과일을 올릴 때에는 우측에 붉은 색, 좌측에 흰색 과 일을 놓고 그 중간에는 조과류를 놓을 수도 있다. (그 진설의 순서는 시접과 잔반을 제일 먼저 올린 뒤에 앞줄에서 부터 순서대로 놓는다)
(2) 설날에는 메 대신 떡국을 놓으며, 추석에는 메 대신

송편을 놓는다.

(3) 두분을 모시는 양위합제 때에는 메와 갱과 시저를 각 각 두벌씩을 놓아야 한다.

(4) 시저(수저)를 꽂을 때에는 패인 곳을 절하는 쪽으로 메의 한복판에 놓는다.

(5) 남좌 여우라 하여 남자는 좌측, 여자는 우측으로 모시는 것이 원칙이나 3년상 안에는 살아있는 분과 같이 대하는 것을 참고한다.〔조(대추)는 씨가 하나로 임금을 뜻하고, 율(밤)은 세톨로 3정승, 시(감)는 여섯개로 육방관속, 이(배)는 여덟개로 8도 관찰사를 뜻함으로 조율시이의 진설순서가 옳다고 주장한다〕

# 설, 추석 진설도

수저 편 갱 편 갱

국수 잔반 잔반 물 떡

전 육적 소적 채적 어적

육탕 소탕 어탕

포 콩나물 무나물 숙주나물 청장 침채 식혜

밤 대추 곶감 배 사과 유과 당과 다식

제주 잔 향합 향반 향로 축판

# 양위합제(두분 모실때)

부
록

| 증조부<br>(曾祖父) | 증조모<br>(曾祖母) | 조부<br>(祖父) |
|---|---|---|
| 顯曾祖考學生府君神位 | 顯曾祖妣孺人金海金氏神位 | 顯祖考學生府君神位 |

| 조모<br>(祖母) | 부<br>(父) | 모<br>(母) |
|:---:|:---:|:---:|
| 顯祖妣孺人安東金氏神位 | 顯考學生府君神位 | 顯妣孺人全州李氏神位 |

부록

| 남편<br>(男便) | 아내<br>(妻) | 백부<br>(伯父) | 백모<br>(伯母) |
|:---:|:---:|:---:|:---:|
| 顯辟學生府君神位 | 亡室孺人金海金氏神位 | 顯伯父學生府君神位 | 顯伯母孺人慶州金氏神位 |

부록

| 형<br>(兄) | 형수<br>(兄嫂) | 동생<br>(弟) | 자식<br>(子息) |
|---|---|---|---|
| 顯兄學生府君神位 | 顯兄嫂孺人全州李氏神位 | 亡弟學生이름神位 | 亡者秀才이름之靈 |

부
록

# 경조문(慶弔文)·수례서식(壽禮書式)

|  | | | | |
|---|---|---|---|---|
| 결혼식 (結婚式) | 祝儀 (축의) | 祝結婚 (축결혼) | 祝華婚 (축화혼) | 祝盛典 (축성전) |
| 회갑연 (回甲宴) | 慶儀 (경의) | 賀儀 (하의) | 祝壽宴 (축수연) | 祝回甲 (축회갑) |
| 축하 (祝賀) | 祝榮轉 (축영전) | | 祝發展 (축발전) | 祝當選 (축당선) |
| 사례 (謝禮) | 菲儀 (비의) | | 略禮 (약례) | 薄禮 (박례) |
| 대소상 (大小祥) | 香奠 (향전) | | 非禮 (비례) | 薄儀 (박의) |
| 상가 (喪家) | 弔意 (조의) | 賻儀 (부의) | 謹弔 (근조) | 奠儀 (전의) |

# 연령(年齡)의 이칭(異稱)

| | |
|---|---|
| **지학 (志學)** | 공자가 15세가 되어 학문에 뜻을 두었다는 데서 유래한 말. 15세를 일컫는 말. |
| **약관 (弱冠)** | 남자 나이 20세가 된 때를 일컬음. |
| **이립 (而立)** | 논어에서 인생 30은 이립이라 하였음. 30세를 일컬음. |
| **불혹 (不惑)** | 공자가 40세에 이르러 세상 일에 미혹당하지 않았다는 데서 나온 말. 40세를 일컬음. |
| **지천명 (知天命)** | 공자가 50세가 되어 천명, 즉 하늘의 명을 알았다는 데서 나온 말. 50세를 일컬음. |
| **이순 (耳順)** | 공자가 60세가 되어 천지만물의 이치에 통달하였다 하여 일컬은 말. 60세를 일컬음. |
| **환갑 (還甲)** | 회갑(回甲) 또는 화갑(華甲)이라고도 함. 61세를 일컬음. |
| **진갑 (進甲)** | 환갑 다음해의 생일. 62세를 일컬음. |
| **고희 (古稀)** | 두보(杜甫)가 지은 곡강시(曲江試) [인생칠십고래희(人生七十古來稀)]에서 나온 말. 70세를 이르는 말. 희수(稀壽)라고도 함. |

부
록

| 종심 (終審) | 70세가 되면 뜻대로 행동한다는 데서 이름. 70세의 별칭. |
|---|---|
| 희수 (稀壽) | 77세를 일컫는 말. |
| 미수 (米壽) | 88세를 일컬음 |
| 백수 (白壽) | [百(백)]에서 일(一)을 빼면 99가 되고 [白(백)]자가 되는 데서 99세가 됨. |
| 상수 (不惑) | 100세 이상의 나이 또는 보통 사람보다 훨씬 많은 나이. |

부
록

## 三綱(삼강)

| 君爲臣綱(군위신강) | 임금은 신하의 본보기가 되고 |
|---|---|
| 父爲子綱(부위자강) | 아버지는 아들의 본보기가 되고 |
| 夫爲婦綱(부위부강) | 남편은 아내의 본보기가 된다. |

## 五倫(오륜)

| | |
|---|---|
| 君臣有義(군신유의) | 임금과 신하는 의가 있어야 하고 |
| 父爲子綱(부위자강) | 아버지와 아들은 친함이 있어야 하며 |
| 夫婦有別(부부유별) | 남편과 아내는 분별이 있어야 하며 |
| 長幼有序(장유유서) | 어른과 어린이는 차례가 있어야 하고 |
| 朋友有信(붕우유신) | 벗과 벗은 믿음이 있어야 한다. |

부
록

## 朱子十悔(주자십회)

### 不孝父母死後悔(불효부모사후회)
부모에게 효도하지 않으면 죽은 뒤에 뉘우친다.

### 不親家族疎後悔(불친가족소후회)
가족에게 친절하지 않으면 멀어진 뒤에 뉘우친다.

### 少不勤學老後悔(소불근학로후회)
젊을 때 부지런히 배우지 않으면 늙어서 뉘우친다.

### 安不思難敗後悔(안불사난패후회)
편할 때 어려움을 생각하지 않으면 실패한 후에 뉘우친다.

## 富不儉用貧後悔 (부불검용빈후회)

부할 때 아껴쓰지 않으면 가난한 후에 뉘우친다.

## 春不耕種秋後悔 (춘불경종추후회)

봄에 밭을 갈고 씨를 뿌리지 않으면 가을이 된 후에 뉘우친다.

## 不治垣墙盜後悔 (불치원장도후회)

담장을 고치지 않으면 도적 맞은 후에 뉘우친다.

## 色不謹慎病後悔 (색불근신병후회)

색을 상가하지 않으면 병든 후에 뉘우친다.

## 醉中妄言醒後悔 (취중망언성후회)

술 취할 때 망언된 말은 술 깬 뒤에 뉘우친다.

## 不接賓客去後悔 (부접빈객거후회)

손님을 접대하지 않으면 간 뒤에 뉘우친다.

# 십간(十干)·십이지(十二支)

## 十干(天干)

육십 갑자(六十甲子)의 윗(上)단위를 이루는 요소로, 열 가지가 있으며, 이를 합하여 십간(十干)이라 한다.

① 갑(甲)　② 을(乙)　③ 병(丙)　④ 정(丁)　⑤ 무(戊)
⑥ 기(己)　⑦ 경(庚)　⑧ 신(辛)　⑨ 임(壬)　⑩ 계(癸)

부
록

## 十二支(地支)

육십 갑자(六十甲子)의 아래(下)에 해당하는 단위로 이루어진 요소로, 열 두가지가 있으며, 이를 합하여 십이지(十二支)라 한다.

① 자(子;쥐)　　　② 축(丑;축)　　　③ 인(寅;범)
④ 묘(卯;토끼)　　⑤ 진(辰;용)　　　⑥ 사(巳;뱀)
⑦ 오(午;말)　　　⑧ 미(未;양)　　　⑨ 신(申;원숭이)
⑩ 유(酉;닭)　　　⑪ 술(戌;개)　　　⑫ 해(亥;돼지)

## 十二支 時間表

① 쥐(子時)
오후 11시 ~ 오전 1시
② 소(丑時)
오전 1시 ~ 3시
③ 인(寅;범)
오전 3시~5시
④ 토끼(卯時)
오전 5시 ~ 7시

⑤ 용(辰時)
오전 7시 ~ 9시

⑥ 뱀(巳時)
오전 9시 ~ 11시

⑦ 말(午時)
오전 11시 ~ 오후 1시

⑧ 양(未時)
오후 1시 ~ 3시

⑨ 원숭이(申時)
오후 3시 ~ 5시

⑩ 닭(酉時)
오후 5시 ~ 7시

⑪ 개(戌時)
오후 7시 ~ 9시

⑫ 돼지(亥時)
오후 9시 ~ 11시

## 六十甲子

| | | | | |
|---|---|---|---|---|
| (01) 甲子 | (02) 乙丑 | (03) 丙寅 | (04) 丁卯 | (05) 戊辰 |
| (06) 己巳 | (07) 庚午 | (08) 辛未 | (09) 壬申 | (10) 癸酉 |
| (11) 甲戌 | (12) 乙亥 | (13) 丙子 | (14) 丁丑 | (15) 戊寅 |
| (16) 己卯 | (17) 庚辰 | (18) 辛巳 | (19) 壬午 | (20) 癸未 |
| (21) 甲申 | (22) 乙酉 | (23) 丙戌 | (24) 丁亥 | (25) 戊子 |
| (26) 己丑 | (27) 庚寅 | (28) 辛卯 | (29) 壬辰 | (30) 癸巳 |
| (31) 甲午 | (32) 乙未 | (33) 丙申 | (34) 丁酉 | (35) 戊戌 |
| (36) 己亥 | (37) 庚子 | (38) 辛丑 | (39) 壬寅 | (40) 癸卯 |
| (41) 甲辰 | (42) 乙巳 | (43) 丙午 | (44) 丁未 | (45) 戊申 |
| (46) 己酉 | (47) 庚戌 | (48) 辛亥 | (49) 壬子 | (50) 癸丑 |
| (51) 甲寅 | (52) 乙卯 | (53) 丙辰 | (54) 丁巳 | (55) 戊午 |
| (56) 己未 | (57) 庚申 | (58) 辛酉 | (59) 壬戌 | (60) 癸亥 |

# 이십사(二十四) 절후(節候)

  양력(陽曆)은 양(陽),  음력(陰曆)은 음(陰)으로 표시하여, 아래와 같이 24절후표(二十四 節候)를 작성하였다.

※立春(입춘): (陽:  2月  4 ~ 5日) (陰:1月)
　驚蟄(경칩): (陽:  3月  5 ~ 6日) (陰:2月)
　淸明(청명): (陽:  4月  5 ~ 6日) (陰:3月)
　立夏(입하): (陽:  5月  6 ~ 7日) (陰:4月)
　芒種(망종): (陽:  6月  6 ~ 7日) (陰:5月)
　小暑(소서): (陽:  7月  7 ~ 8日) (陰:5月)
　立秋(입추): (陽:  8月  8 ~ 9日) (陰:5月)
　白露(백로): (陽:  9月  8 ~ 9日) (陰:5月)
　寒露(한로): (陽:10月  8 ~ 9日) (陰:5月)
　立冬(입동): (陽:11月  7 ~ 8日) (陰:5月)
　大雪(대설): (陽:12月  7 ~ 8日) (陰:5月)
　小寒(소한): (陽:  1月  6 ~ 7日) (陰:5月)
※雨水(우수): (陽:  2月  19 ~ 20日) (陰:1月)
　春分(춘분): (陽:  3月  21 ~ 22日) (陰:2月)
　穀雨(곡우): (陽:  4月  20 ~ 21日) (陰:3月)
　小滿(소만): (陽:  5月  21 ~ 22日) (陰:4月)
　夏至(하지): (陽:  6月  21 ~ 22日) (陰:5月)
　大暑(대서): (陽:  7月  23 ~ 24日) (陰:6月)
　處暑(처서): (陽:  8月  23 ~ 24日) (陰:7月)

부
록

夏至(하지) : (陽 :  9月 23 ~ 24日) (陰 : 8月)
大暑(대서) : (陽 : 10月 23 ~ 24日) (陰 : 9月)
處暑(처서) : (陽 : 11月 22 ~ 23日) (陰 : 10月)
大暑(대서) : (陽 : 12月 22 ~ 23日) (陰 : 11月)
處暑(처서) : (陽 :  1月 20 ~ 21日) (陰 : 12月)

## 이사하기 좋은 날(吉日)

- **一月** : 임진(壬辰), 병진(丙辰), 정미(丁未), 신미(辛未)
- **二月** : 갑자(甲子), 갑오(甲午), 을축(乙丑), 을미(乙未)
- **三月** : 병인(丙寅), 경오(庚午), 기사(己巳), 임인(壬寅)
- **四月** : 계묘(癸卯), 갑오(甲午), 병오(丙午), 경오(庚午)
- **五月** : 경신(庚申), 갑신(甲申)
- **六月** : 갑인(甲寅), 정유(丁酉)
- **七月** : 경술(庚戌), 갑술(甲戌)
- **八月** : 을해(乙亥), 신해(辛亥), 계축(癸丑)
- **九月** : 갑오(甲午), 갑신(甲申), 병오(丙午)
- **十月** : 갑자(甲子), 경진(庚辰), 갑오(甲午), 계축(癸丑), 무자(戊子), 임오(壬午)
- **十一月** : 을축(乙丑), 계축(癸丑), 을미(乙未), 정축(丁丑), 정미(丁未), 신미(辛未)
- **十二月** : 갑인(甲寅), 경인(庚寅), 정묘(丁卯), 기해(己亥), 신해(辛亥)

# 반대의 뜻을 가진 漢字

| 加 | 減 | 乾 | 濕 | 姑 | 婦 |
|---|---|---|---|---|---|
| 더할 가 | 덜 감 | 마를 건 | 축축할 습 | 시어미 고 | 며느리 부 |
| 可 | 否 | 乾 | 坤 | 曲 | 直 |
| 옳을 가 | 아닐 부 | 하늘 건 | 땅 곤 | 굽을 곡 | 곧을 직 |
| 干 | 戈 | 輕 | 重 | 功 | 過 |
| 방패 간 | 창 과 | 가벼울 경 | 무거울 중 | 공 공 | 허물 과 |
| 甘 | 苦 | 京 | 鄉 | 攻 | 防 |
| 달 감 | 쓸 고 | 서울 경 | 시골 향 | 칠 공 | 막을 방 |
| 强 | 弱 | 慶 | 弔 | 敎 | 學 |
| 강할 강 | 약할 약 | 경사 경 | 조상할 조 | 가르칠 교 | 배울 학 |
| 開 | 閉 | 苦 | 樂 | 貴 | 賤 |
| 열 개 | 닫을 폐 | 괴로울 고 | 즐거울 락 | 귀할 귀 | 천할 천 |
| 客 | 主 | 高 | 低 | 禁 | 許 |
| 손 객 | 주인 주 | 높을 고 | 낮을 저 | 금할 금 | 허락할 허 |
| 去 | 來 | 古 | 今 | 吉 | 凶 |
| 갈 거 | 올 래 | 옛 고 | 이제 금 | 길할 길 | 흉할 흉 |

부
록

| 亂 | 易 | 頭 | 尾 | 發 | 着 |
|---|---|---|---|---|---|
| 어려울 난 | 쉬울 이 | 머리 두 | 꼬리 미 | 떠날 발 | 붙을 착 |
| 男 | 女 | 得 | 失 | 腹 | 背 |
| 사내 남 | 계집 녀 | 얻을 득 | 잃을 실 | 배 복 | 등 배 |
| 內 | 外 | 冷 | 溫 | 浮 | 沈 |
| 안 내 | 바깥 외 | 찰 랭 | 따뜻할 온 | 뜰 부 | 잠길 침 |
| 濃 | 淡 | 老 | 少 | 夫 | 妻 |
| 짙을 농 | 엷을 담 | 늙을 로 | 젊을 소 | 지아비 부 | 아내 처 |
| 多 | 少 | 利 | 害 | 上 | 下 |
| 많을 다 | 적을 소 | 이로울 리 | 해칠 해 | 위 상 | 아래 하 |
| 斷 | 續 | 賣 | 買 | 生 | 死 |
| 끊을 단 | 이을 속 | 팔 매 | 살 매 | 날 생 | 죽을 사 |
| 當 | 落 | 明 | 暗 | 先 | 後 |
| 마땅 당 | 떨어질 락 | 밝을 명 | 어두울 암 | 먼저 선 | 뒤 후 |
| 貸 | 借 | 矛 | 盾 | 善 | 惡 |
| 빌릴 대 | 빌려줄 차 | 창 모 | 방패 순 | 착할 선 | 악할 악 |
| 大 | 小 | 問 | 答 | 盛 | 衰 |
| 클 대 | 작을 소 | 물을 문 | 대답할 답 | 성할 성 | 쇠잔할 쇠 |
| 動 | 靜 | 美 | 醜 | 疎 | 密 |
| 움직일 동 | 고요할 정 | 아름다울 미 | 추할 추 | 드물 소 | 빽빽할 밀 |

| 損 | 益 | 深 | 淺 | 有 | 無 |
|---|---|---|---|---|---|
| 덜 손 | 더할 익 | 깊을 심 | 얕을 천 | 있을 유 | 없을 무 |
| 送 | 迎 | 安 | 危 | 恩 | 怨 |
| 보낼 송 | 맞을 영 | 편안할 안 | 위태할 위 | 은혜 은 | 원망할 원 |
| 首 | 眉 | 愛 | 憎 | 陰 | 陽 |
| 머리 수 | 꼬리 미 | 사랑 애 | 미워할 증 | 그늘 음 | 볕 양 |
| 受 | 授 | 哀 | 歡 | 異 | 同 |
| 받을 수 | 줄 수 | 슬플 애 | 기뻐할 환 | 다를 이 | 한가지 동 |
| 需 | 給 | 玉 | 石 | 因 | 果 |
| 쓸 수 | 줄 급 | 옥 옥 | 돌 석 | 인할 인 | 과연 과 |
| 昇 | 降 | 抑 | 揚 | 自 | 他 |
| 오를 승 | 내릴 강 | 누를 억 | 들날릴 양 | 스스로 자 | 남 타 |
| 勝 | 敗 | 緩 | 急 | 雌 | 雄 |
| 이길 승 | 패할 패 | 느릴 완 | 급할 급 | 암컷 자 | 수컷 웅 |
| 是 | 非 | 往 | 來 | 長 | 短 |
| 옳을 시 | 아닐 비 | 갈 왕 | 올 래 | 길 장 | 짧을 단 |
| 始 | 終 | 優 | 劣 | 前 | 後 |
| 비로소 시 | 마칠 종 | 뛰어날 우 | 못할 렬 | 앞 전 | 뒤 후 |
| 新 | 舊 | 遠 | 近 | 正 | 誤 |
| 새 신 | 옛 구 | 멀 원 | 가까울 근 | 바를 정 | 그르칠 오 |

부
록

| 朝 | 夕 | 天 | 地 | 寒 | 暑 |
|---|---|---|---|---|---|
| 아침 조 | 저녁 석 | 하늘 천 | 땅 지 | 찰 한 | 더울 서 |
| 早 | 晚 | 淸 | 濁 | 虛 | 實 |
| 이를 조 | 늦을 만 | 맑을 청 | 흐릴 탁 | 빌 허 | 열매 실 |
| 尊 | 卑 | 初 | 終 | 禍 | 福 |
| 높을 존 | 낮을 비 | 처음 초 | 마칠 종 | 재화 화 | 복 복 |
| 晝 | 夜 | 出 | 入 | 厚 | 薄 |
| 낮 주 | 밤 야 | 나갈 출 | 들 입 | 두터울 후 | 엷을 박 |
| 主 | 從 | 表 | 裏 | 黑 | 白 |
| 주인 주 | 따를 종 | 겉 표 | 속 리 | 검을 흑 | 흰 백 |
| 進 | 退 | 豐 | 凶 | 興 | 亡 |
| 나아갈 진 | 물러갈 퇴 | 풍년 풍 | 흉년 흉 | 흥할 흥 | 망할 망 |
| 眞 | 假 | 彼 | 此 | 喜 | 悲 |
| 참 진 | 거짓 가 | 저 피 | 이 차 | 기쁠 희 | 슬플 비 |

# 천자문(千字文) · 사자소학(四字小學)

**************************************************

- 펴 낸 이 · 윤 정 섭
- 편 저 자 · 김 호 인
- 펴 낸 곳 · 도서출판 윤미디어
- 등록일자 · 1993년 9월 21일
- 주      소 · 서울시 중랑구
　　　　　　　목 2동 238-32호

- 전   화 · 972-1474
- 팩   스 · 979-7605

＊ 잘못된 책은 교환해 드립니다.